현대시와 불교

차례
Contents

불교가 현대시론에 끼친 영향

　불교가 문학, 그중에서도 현대시에 끼친 영향은 단지 선시禪詩 창작에만 국한된 것이 아니라, 일반 시에도 두루 걸쳐 있다. 그것은 대략 세 가지 차원에서 설명될 수 있을 것이다. 첫째 인식론적 측면이요, 둘째 언어의식이요, 셋째 구조적 특성이다.

　특별히 산문적 주장을 펼치는 경우를 제외하고 모든 시는 대체로 인식론적 산물이다. 따라서 대상을 전제하지 않고 쓰인 시란 없다. 대상 없는 인식은 있을 수 없기 때문이다. 그런 점에서는 가령 대상 없이 쓴다고 말해지는 소위 '비대상'의 시, 예컨대 오늘날 아방가르드 시나 포스트모더니즘 시도 예외는 아니다. 다만 대상을 객관에서 찾는 '대상의 시'와 달리 그것을 주관에서 찾는다는 점이 다를 뿐이다. 즉 '비대상'의 시란 현대의 아방가르드 시의 한 별칭으로 그 역시－명칭에서 야기되는 오해에도 불구하고－문자 그대로 대상 없이 쓰이는 시가 아니라 '객관' 대신 '주관'을 대상으로 하여 쓰이는 시의 한 유형에 지나지 않는다. 따라서 대상을 객관에서 구하는 '대상의 시'든, 주관에서 구하는 '비대상의 시'든 시는 모두 대상에 대한 시인의 인식론적 의미를 그 내용으로 담는다고 말할 수 있다.

그렇다면 인식론적 내용이란 무엇일까. 그것은 크게 두 가지 태도에 의해서 달라진다. 하나는 그 실재성(reality)을 인정하는 리얼리즘적 입장이요, 다른 하나는 실재성을 부정하고 오직 현상(phenomenom)만을 인정하는 현상학적 입장이다. 전자의 경우를 따를 때 그 인식론적 내용은 대상이 지닌 실재의 의미이다. 그러나 후자의 경우는 존재 의미라 할 수 있다. 따라서 현대의 시론 역시 이 두 가지 인식론적 태도에 따라 크게 실재론적인 접근과 현상학적인 접근의 두 유형으로 나뉘어질 수 있다. 필자는 이 두 가지 유형 중 전자는 필립 휠라이트 Philip Wheelwright의 시론을, 후자는 하이데거 Martin Heidegger의 시론을 예로 들어 살펴보도록 하겠다.

실재론적 시론과 불교

휠라이트에게 있어서 시란 간단히 '대상이 지닌 실재의 의미를 기술한 것'이다. 이는 물론 시가 아닌 일상의 진술 혹은 산문이—일상의 언어로는 불가능하므로—대상을 언급함에 있어 항상 실재와 어긋나 있다는 인식을 전제한 말이다. 그럼에도 불구하고 '대상이 지닌 실재의 기술'은 싫든 좋든 언어에 의존하지 않고서는 불가능하나.

휠라이트에 의하면 언어란 본질적으로 주관(주체, subject), 객관(대상, object)과 더불어 실재를 구성하는 3요소 가운데 하나이다. 그리고 주체나 언어 그리고 객관은 대상의 실재를 형성함에 있어 상호적으로 각각 자신의 몫을 담당한다고 한다. 데카르트가 인식작용을 주·객관의 이원구조로 이해했던 것과 달리, 현대 철학에서는 그것을 이처럼 삼원구조로 파악하고 있다. 그런데 휠라이트에 의하면, 일상의 언어는 여러 가지 이유에서 대상이 지닌 실재성을 드러내지 못한다. 오직 시의 언어만이 가능하다. 그리하여 그는 시의 언어를 일상어와 구분하여 '긴장의 언어' 혹은 '표현의 언어', '열린 언어' 등의 용어로 부르고 있다.

그렇다면 시의 언어, 즉 긴장의 언어란 무엇인가. 여러 가지 논의에도 불구하고 이 글의 주제와 맞는 부분만을 언급하자면 그것은 대상이 지닌 실재를 드러내는 언어이다. 여기서 우리는 다시 휠라이트가 말하는 '실재'를 살펴볼 필요가 있다. 그에 의하면 시인은 깨어 있고 감응력 있는 정신으로 어떤 특별한 언어를 통해서 존재세계에 대해 집요한 관심을 갖게 되면 어느 순간 실재와 만나게 된다고 한다. 그러므로 긴장언어의 대상은 '실재' 바로 그것인 셈이다. 그런데 실재는 일상적 의미의 명증성이나 획일성과는 다르게 ①예각성豫覺性(presential)과 긴장성(tensive), ②통합성(coalescent)과 상통성(interpenetrative), ③투시성(perspectival)과 잠재성(latent)이 있어 다만 부분적으로 모호하게, 그리고 상징적 우회성을 통해서만 그 자체를 드러내 보인다.[1]

그런데 그중에서도 휠라이트가 불교 언어와 관련시킨 부분은 실재가 지닌 '예각성(육감으로만 느낄 수 있는 어떤 진실)'이다. 이 경우 예각성은 타자를 물재성物在性(물질성)이나 용재성用在性(도구성)으로 보지 않고 하나의 실존으로 대힐 때 인식할 수 있는 어떤 진실을 말한다. 즉, 대상은 주체가 청정하고 진실한 마음으로 타자를 향해 귀를 열고 또 그의 말을 들어주며 타아他我의 실존 속에 그 자신이 스스로 타자가 되어줄 때 예각성을 드러내주는 것이라고 한다. 휠라이트는 그러한 예로서 선문답을 들고 있다.

선불교도 한 사람이 일본인 선사(택암화상澤庵和尙)에게 "부처가 수세기 전 생존했던 고타마 싯다르타보다 높으시다면 부처의 본성은 어떤 것인지 제발 가르쳐 주시기 바랍니다"라고 간청했다. 스승의 답은 다음과 같았다.

꽃피는 살구나무 가지니라.

제자는 스승이 미처 자기 물음을 못 들었을 것이라 생각되어 되물었다. "저의 물음은 스승님이시여, 부처는 누구시냐는 것입니다." 스승은 대답했다.

푸른 바다에 유유히 떠다니는 황금 지느러미를 한 분홍빛 물고기니라.

제자는 더욱 당황해서 "존경하올 분이시여, 부처가 누구신지 제게 말씀 안 해주시겠습니까?" 하고 다시 묻자 스승은 다음과 같이 대답했다.

어둠의 초원을 은빛으로 물들이는 밤하늘의 싸늘하고 조용한 만월이니라.[2]

한마디로 시작詩作에 있어서 대상이 지닌 '실재'의 파악은 선불교의 언어의식과 같은 것을 지니지 않고서는 불가능하다는 결론이다. 이로써 우리는 불교와 아무 관련이 없어 보이는 서구의 시도 그 중요한 본질에 있어서는 불교 인식론과 맞닿아 있으며, 서구의 현대시론 역시 불교로부터 입은 영향이 크다는 사실을 알 수 있다.

현상학적 시론과 불교

하이데거에 있어서 시란 "존재하고 있는 것들을 처음으로 현존토록 하는 행위이다." 그런데 존재는 현존재(Dasein)를 통해서 그 숨겨진 자신을 드러낸다. 즉, 후설Husserl은 일상적 의식을 선험적인 것으로 환원시킴으로써 이 세계를 순수한 현상으로 드러내게 할 수 있다고 믿었던 반면, 하이데거는 의식조차도 버리고 의식의 그 안쪽, 즉 '근거의 근거(Grund des Grundes)'로 거슬러 올라가 존재를 바닥 없는 '공空(Ab-grund)' 혹은 하나의 '무無(néant)'로 되돌릴 때 비로소 가능하다고 믿었다.

이 바닥 없는 공 혹은 무에서 존재가 자신을 열어 보이는 것을 우리는 이렇게 고쳐 말할 수 있을 것이다. 인간(존재사)이 근거를 드러내는 대신 존재가 스스로 자신을 열어 드러내고 이제 그 순간 '열림의 열림(ein Umkreis von Offenbarkeit)'인 현존재는 인간을 향한 존재의 열림을 표상하게 된다. 이것을 하이데거는 그 자신의 용어로 '사건의 도래(Ereignung)'라고 지칭한 바 있다. 즉, "알려지지 않은 숨은 힘과 같은 것으로 이해된 존재가 스스로를 드러내는 데 동의하고 자기의 입구를 스스로 지적해 주며 그리하여 마치 일종의 축복처럼 인간에게 자기를 맡기는 것을, 자신으로부터 나오는 것을, 자신을 밖으로 표현하는 것을, 의미가 되는 것을 쾌히 승낙한다는 것이다."[3]

무 혹은 공의 상태에서 사물이 스스로 자신의 실재성을 열어 들려주는 언어는 존재의 언어이다. 그리고 존재는 이와 같은 존재의 언어를 통해 드디어 우리 앞에 현존하게 된다. 하이데거가 시를 존재의 언어로 정의하고 "존재는 언어를 통해 개시되며 따라서 존재 이해의 방법론적 통로는 언어 이외에는 없다"고 말한 이유가 여기에 있다. 그런데 이와 같은 과정에서 의식은 두 가지 도움을 받아야 한다. 하나는 '환원'이며 다른 하나는 '본질적 직관'이다. 환원이란 모든 편견, 선입관, 인상, 무의식, 기억, 지식 등을 폐기시켜 의식을 가장 순수한 상태, 즉 '선험적 이성'으로 되돌리는 행위이며 본질적 직관이란 그 환원된 순수 의식이 주·객관의 구분이나 이성적 사유에서 벗어나 직접적·순간적·전체적으로 존재와 대면하는 행위이다.

따라서 이상 살펴본 바에 의하면, 하이데거 시론의 핵심을 이루는 이 같은 과정(존재하고 있는 것들을 처음으로 현존토록 하는 과정)에서 가장 중요하다고 생각되는 것은 세 가지로 요약될 수 있다. 첫째 의식의 환원, 둘째 본질적 직관, 셋째 무無 혹은 공空으로서의 존재라는 개념이다. 그런데 여기서 우리가 주목할 것은 이 세 가지가 모두 불교의 선적 사유와 유사하거나 거의 일치하고 있다는 사실이다.

첫째, 의식의 환원이란 선에 있어서 소위 점수漸修의 수행법과 매우 가깝다. 점수는 『육조단경六祖壇經』에 기술되어 있듯 오조五祖 홍인弘忍이 그 깨친 바를 살펴보려고 제자들에게 시를 짓게 했을 때 상좌의 자리에 있던 신수神秀가 지은 다음과 같은 시에서 가르친 수행법이다.

　　몸은 보리수요

마음은 명경대로다.
항상 힘써 닦아
티끌이 묻지 않도록 하리라.

이에 대해서 하인리히 두몰린Heinrich Dumoulin과 스즈키 다
이세츠(鈴木大拙)는 이렇게 해석하고 있다.

신수의 노래는 거울과 같은 마음을 어떤 수동적인 것으
로 그리고 있다. 마음은 세워놓고 한 티끌의 먼지도 묻지 않
도록 계속해서 닦아내야 한다. 먼지는 무명無明과 인간 정신
의 탐욕과 심상心像과 사고들에 의해 야기되는 번뇌(kleśa)를
상징하고 있다. 그렇기 때문에 명상자는 완전한 정심靜心을
이룩하기 위하여 자기의 정신활동을 진정시키도록 힘써야
한다. 이런 명상방법은 홈 없는 거울처럼 원래부터 청정한
마음이 무명과 이 세상의 번뇌로 더럽혀졌기 때문에 명상수
행을 통해서 원래의 청정성을 회복시켜야 한다는 견해에서
나오고 있다.[4]

따라서 점수의 주장하는 바는 중생은 거울처럼 청정한 마
음이 무명과 탐욕과 심상과 사고들에 의하여 더럽혀진 까닭에
깨달음에 이르지 못함으로 그 깨달음을 얻기 위해선 무엇보다
원래의 청정성을 회복하는 행위, 즉 무념무상의 정심靜心에 들
어 에고의 의식 활동을 중지시키는 수행을 닦아야 한다는 것

이었다. 여기에서 무념이란 물론 기존의 관념이나 판단에 집착하지 않고 사물을 있는 그대로 보는 것을 뜻한다. 이는 현상학적 환원이 "이런저런 지식분야의 사실이나 또는 그런 분야들에서 '참인 것'을 넘어서서 세계적·자연적 태도 속에서 우리가 세계에 대해 내리게 되는 경험적·이성적 나아가선 과학적인 모든 판단을 폐기시키는"[5] 행위인 것과 동일하다.

둘째, 본질적 직관이 선의 돈오법頓悟法과 유사하다는 점이다. 돈오법이란 앞서 인용한 신수의 시를 반박하여 결국 그의 스승 홍인으로부터 법의 계승자가 된 혜능慧能의 다음과 같은 가르침에서 비롯하는 수행법이다.

> 보리(菩提)엔 원래 나무가 없고
> 명경 또한 대臺가 아니다.
> 본래 한 물건도 없는데
> 어디에 티끌 묻을 수 있으랴.

혜능의 경우 이 세계란 본래 무이다. 신수가 노래한 보리수도 명경대도 없다. 아무것도 없으니 또한 그것을 오염시킬 '티끌, 즉 무명無明과 인간 정신의 탐욕과 심상心像과 사고들에 의해 야기되는 번뇌'인들 있을 리 없다. 따라서 깨달음이란 어떤 수행이나 청정심의 회복에서가 아니라 순간적인 직관의 돌파로 이루어진다. 이에 대해서 하인리히 두몰린은 다음과 같이 해석하였다.

(혜능은 신수와 같은 거울의 비유를 들고 있으나 철두철미한 부정이 모든 범주를 뒤엎어 버린다.) 본래부터 아무것도 있지 않았다(本來無色). 이 말이 해탈과 초월을 가리킨다. 혜능의 無는 『반야심경』의 공空과 나가르쥬나(龍樹)의 철학과 마찬가지로 니힐리즘을 의미하는 것이 아니라, 모든 범주와 개념의 너머에 있는 궁극적 실재에 대한 최상의 긍정을 의미하고 있다. 혜능의 시 속에 암시되어 있는 깨달음은 오직 합리적 이분법적 사고를 돌파함으로써만 이루어질 수 있는 것이다.[6]

그리하여 다음과 같은 언급이 가능하다.

순선純禪은 마음의 역동적이고 내재적인 힘에 의해 심처深處로의 돌파를 달성하는 것이다.[7]

선에 있어서 이와 같은 돈오는 하이데거의 존재론이나 훗설의 현상학에 있어서 '존재의 근거'에 대한 탐색 방법과 유사하다. 그들 역시 어떤 사고나 판단보다도 직관에 의존하기 때문이다.

셋째, 앞서 살펴본 바와 같이 하이데거의 존재론에서 존재가 그 근거를 드러내 보여주는 순간은 존재에 대한 질문이 선험적 의식의 저 안쪽인 '근거의 근거'로까지 거슬러 올라간다. 그리하여 현존재의 상태에서 그 중첩되는 반복과 철저성의 결과 우리를 일종의 '바닥 없는 공空'으로, 무無로, 어떤 존재 혹은 존재자보다도 근본적인 무로 이끌어 갔을 때이다. 이렇게 되면 이제 이를 통해 그 자신을 열게 되는 것이다. 그리고 이 '틈입' 또는 '열림의 개전開展'에서 인간은 마침내 그들 존재의 의미를 만들어 내는 것 속에 그 자신이 포함되고 언어가 존재−인간관계의 새로운 중심으로 선다.[8] 존재가 스스로를 열고 외현하고 스스로를 표현하는 까닭이다. 말하는 자, 그는 인간이 아니라 이제 존재인 것이다. 그가 사막 속으로 하나의 목소리를 던진다.

선의 경우에도 궁극적으로 도달하는 세계는 무 혹은 공이라는 점에서 이와 유사하다. 스즈키 다이세츠는 한 비평가의 견해를 인용해서 이를 다음과 같이 설명하였다.

선에 의하여 정신은 일종의 망아忘我상태에 이르게 된다. 이것이 실현되었을 때 거기에 불교도가 언제나 강조하는 공空(sunyata)이 체험된다. 이때 주관은 그것이 어떤 상태인지 모르겠지만 하여튼 막막한 공空, 무無 속에 몰입하게 되어 객관세계는 물론 자기 자신도 의식하지 못하게 된다.[9]

물론 불교 존재론이나 선에 있어서 무 혹은 공이라는 개념은 하이데거와 같은 존재론의 그것과 다르다. 불교의 경우, 무는 유의 대립 개념으로서의 무를 의미하는 것이 아니라 그 '무조차도 없는 무'−그러니까 모든 존재하는 것들은 이름(언

어)이 있는 까닭에 — '무'라는 말조차 있을 수 없는 어떤 '절대
의 무'인 까닭이다. 『금강반야경』에서 이를 '필경공畢竟空'이
라 부르는 것은 다 아는 바이다. 따라서 불교의 '무' 혹은 '공'
은 '무를 넘어선 무' 혹은 '공을 넘어선 공'이라 할 수 있다.[10]
앞서 선의 궁극이 '공' 혹은 '무'의 경지에 있다고 했던 스즈
키 다이세츠가 다시 말을 바꾸어 다음과 같이 언급한 이유가
여기에 있을 것이다.

  이 해석(앞의 인용문) 역시 선을 바로 이해하는 데 실패
  하고 있다. 확실히 이런 해석으로 이끄는 표현이 선에 상당
  히 있는 것도 사실이다. 그러나 선을 바로 이해하기 위해서
  우리는 여기서 한 단계를 뛰어넘을 필요가 있다. '광막한 무
  의 바다(Vast Emptiness)'를 뛰어넘어야 하는 것이다.[11]

 이와 같은 본질적 차이가 있음에도 불구하고 존재의 언어
를 발생시키는 하이데거에 있어서의 '무'와, 선에 있어서의
'무'는 최소한 방법적인 차원에서만큼은 동일하다. 그것은 특
히 세 가지 측면에서 그러하다. 그 하나는 이 양자 모두 '무'의
경지에 들어섬으로써 자아 혹은 존재가 열림을 통해 무한한
해방을 경험한다는 사실이다. 앞서 인용한 바와 같이 하이데
거의 경우 이 '바닥 없는 공'의 경지에서는 인간(존재자)이 존
재를 드러내는 대신 존재가 스스로 자신을 열어 드러내고 그
순간 '열림의 엶'인 현존재가 인간을 향한 존재 열림을 표상

하기 때문이다. 이것을 그는 그 자신의 용어로 '사건의 도래'라고 지칭한 바 있는데, 이는 선의 경우에도 동일하다.

> 이 낯선 개념은 바로 '깨달음'이라 불리는 것인데 서구어로는 '열림' 또는 '눈뜸(Enlightenment)'으로 번역된다.[12]

다른 하나는 불교의 선이나 하이데거의 존재론이나 양자 모두 이 '무' 혹은 '바다 없는 공'의 상태에서 존재의 언어를 발생시킨다는 점이다. 하이데거의 경우 그것은 시이며, 선의 경우 그것은 구체적으로 '게송偈頌' 혹은 '오도송悟道頌'이라 할 수 있다. 오도송 역시 시의 한 유형에 포괄시킬 수 있으니 이 양자의 무無 모두가 시를 산출하는 원천이 된다는 것은 두말할 필요가 없다.

마지막으로 하이데거의 존재론이나 불교의 선 모두 그 존재 근거의 해명 혹은 깨달음이 주체 혹은 주관 그 자체에서 비롯하는 것이 아니라, 존재 스스로 혹은 무 스스로 자신을 열어 드러내 보여주는 데서 온다는 사실이다. 그러한 관점에서 주체는 오직 기다리기만 하면 된다. 예컨대 하이데거의 존재론에서 그와 같은 깨달음, 즉 존재의 언어는 다음과 같은 경로로 발생한다. 즉, 인간이 사고하는 것이 아니라 존재가 사고하며 존재의 사고가 인간을 통해 나타나는 것이다. 따라서 시작詩作 역시 시인이 하는 것이 아니라 존재가 스스로를 열고 부르는 음성을 다만 시인이 받아쓰는 작업에 지나지 않는다. 시인은 보는 자이며 듣는 자일 따름이다. 선의 경우 역시 마찬가지이다.

　　몸과 마음을 벗어던진다는 것(心身脫落)은 깨달음 속에서 에고를 초월하고 에고로부터 해방되는 것을 의미한다. 그러나 이 경험은 에고에 의해 강제될 수 없는 것이다. 에고가 할 수 있는 일은 만법의 실재가 제 발로 찾아올 때까지 그저 소망하고 깨달음에 대해 개방적이 된 것 이외에는 없다.[13)]

현대시의 언어의식과 불교

　　시는 언어의 예술이다. 그러므로 시의 본질은 일차적으로 언어의 문제에서 해명되어야 한다. 그렇다면 언어행위라는 관점에서 '시'란 무엇일까? 한마디로 그것은 언어의 한계성을 극복하려는 행위이다. 이와 같은 정의에는 적어도 두 가지 명제가 전제되어 있다. 하나는 인간의 언어란 불완전하다는 것이요, 다른 하나는 그런 까닭에 시의 언어는 일반적인 언어, 우리가 소위 일상의 언어라고 부르는 것과는 근본적으로 다르다는 점이다. 시의 언어란 그것을 어떻게 규정하든 본질적으로 이처럼 일상의 언어를 극복한 언어, 비록 현실적으로 실현되지는 못한다 하더라도 완전성을 지향하는 언어라고 말할 수 있다.

언어는 매우 유연하고 정교한 표현의 매체이지만 우리가 때때로 느끼고 있듯 한계성을 지니고 있다. (중략) 비록 일상적인 체험이라 하더라도 언어로 표현되기에는 너무 복잡하다. 언어의 한계성은 우리가 감정(emotion)과 지각(sensation)을 전달하고자 할 때 명백히 드러난다. 가령 한 번도 오렌지의 맛을 체험해 보지 못한 사람에게 오렌지의 맛이 어떤가를 어떻게 설명할 수 있을 것인가! 그들에게 전달을 시도하는 데 있어 인간은 매우 표현적인 언어(expressive word)를 탐색하고자 하나 결국 그는 항상 언어를 넘어서 비유나 감탄이나 음성적 자질(intonation) 등을 빌리고자 한다. 시의 본질적인 내용(natural subject matter)은 일상적인 언어로는 전달이 불가능한 체험의 일종에 있다. 시는 인식의 한계성에 처하면서도 표현 불가능한 것을 표현코자 탐색하는 것이다.[14]

이렇듯 우리는 일상의 언어로는 이 세계의 실재를 표현할 수 없는 까닭에, 다른 특수한 언어, 즉 이 세계의 실재를 표현할 수 있으리라 믿어지는 언어를 창조하여 이를 '시의 언어'라고 부른다. 앞장에서 언급한 휠라이트와 하이데거 역시 같은 언어관을 보이고 있다. 휠라이트의 경우 언어를 고착언어(steno-language)와 긴장언어(혹은 열린 언어, 표현의 언어)로 나누는데, 일상어인 전자는 실재의 표현과 전달에 있어 절대적인 한계성을 지닌다고 한다.

고착언어는 말이 생명력을 잃고 굳어진 언어라는 점에서 닫힌 언어라 할 수 있는데 이는 습관과 약정에 의해서 생겨난다. 상상력이 죽을 때 언어는 습관에 의해 고착되거나 의미를 가두게 된다. 그리하여 고착언어에서 말들은 완전한 것으로의 지향이나 새로운 시도 없이 그저 관습적으로 반복될 뿐이다.[15]

이에 반해서 시의 언어인 후자는 단순한 수준을 벗어나 여러 복합적이고, 새롭고, 예기치 않은 자질의 획득으로 풍부한 의미론적 성취를 이루어낸다.[16] 필자는 앞장에서 그의 소위 긴장언어가 어떻게 대상의 실재를 표현할 수 있는지 한 가지 가능성에 대하여 이야기한 바 있다.

한편 하이데거에 있어서도 일상의 언어는 일상인(Das Man)이 사용하는 언어로 일상인이 그러한 것과 같이 그 또한 도구적·물재적物在的인 특성을 지니고 있다. 그것은 평균성과 공중성公衆性으로 획일지어져 존재의 근거와 같은 문제를 해명함에 있어서는 아무 쓸모가 없는 언어이다. 그리하여 그는 의식의 저 '바닥 없는 공空'에서 울려오는 존재의 언어, 즉 시의 언어에 귀를 기울였던 것이다.

이와 같은 현대시의 언어관은 불교의 그것과 동일하다. 불교에서도 언어는 진리를 설하거나 표현하는 데 전혀 불가능하다고 보기 때문이다. 아니, 진리는 언어에 의해서 왜곡되거나 미망에 빠지므로 차라리 언어를 버리는 것이 더 현명하다. 불

경을 읽을 때 종종 접하는 어법이지만 석가모니는 설법 – 그
것도 매우 긴 시간의 – 을 하고 난 뒤에 제자들에게 "네 뜻은
어떠하냐, 여래는 설한 바가 있느냐" 하고 묻는다. 이에 대해
서 제자들은 한결같이 "세존이시여, 당신은 설하신 바가 없나
이다"라고 일거에 부정해 버리는 일이 많은데, 그것은 언어는
진리를 전달할 수 없으므로 언어에 집착하지 말라는 뜻이라
할 수 있다. 즉, 언어를 버리고 오직 직관을 통해 심인心印으로
깨달음에 이르러야 한다는 가르침인 것이다. 이와 같은 불교
의 언어관은 초전법륜初轉法輪의 소위 염화시중拈華示衆에서 비
롯하는 것이지만, 그 후 불경 곳곳에서 자주 언급되고 있음을
쉽게 발견할 수 있다.

    수우부티(수보리須菩提)여, 여래는 진리를 설하는 자가
  있다면 그는 거짓을 설한 것이 된다. 수우부티여, 그는 진실
  이 아닌 것에 집착하여 부처를 비방하는 것이 된다.

    말은 사물을 펴지 못하며
    말은 기미를 살리지 못한다.
    말을 받는 자는 잃고
    구절에 얽매이는 자는 미혹한다.

    왜냐하면 문자는 그가 표현하고자 하는 것과 떨어져 있
  기 때문이다. 문자가 있지 아니한 것이야말로 해탈이다.

『유마경維摩經』에는 다음과 같은 언급이 있다.

저희 생각으로는 말(언어)이 없고 설함도 없으며(무소설
無所說), 가리키는 일도 인지하는 일도 없으며 모든 질문과
대답을 떠나는 것이 절대 평등한 경지에 드는 것입니다.

이는 각각 어떻게 하면 절대 평등한 경지, 즉 평등상에 들
수 있느냐는 질문에 대한 유마힐維摩詰과 문수사리文殊師利의
답변이다. 언어를 벗어난 경지야말로 곧 해탈 혹은 평등상이
라는 것이다. 이와 같은 불교의 언어관, 즉 무소설無所說은 선
종禪宗에 의해서 극단화되어 마침내 불경까지도 버리게 되는
결과를 가져온다. 언어도단言語道斷, 불입문자不立文字, 교외별
전敎外別傳, 직지인심直指人心, 견성성불見性成佛과 같은 교의가
그것이다. 선가禪家에서는 오로지 선禪을 통하여 적막한 침묵
으로 심신을 탈락하고 자유 경지를 추구하여 "부처를 만나면
부처를 죽이고 선사를 만나면 선사를 죽이는" 역설적인 무無
의 경지로까지 침잠해 버리는 것이다. 화두話頭 혹은 공안案
으로 구지俱胝의 수지竪指라든가 달마達磨의 정전백수자庭前柏
樹子17) 등이 바로 그 방편들이다.

불교의 언어관과 현대시의 언어의식이 지닌 유사성을 이야
기함에 있어 한 가지 더 지적해야 할 것이 있다. '포스트모더
니즘'이 강조하고 있는 소위 '의미의 해체'라는 명제가 그것
이다. 그 본질은 다르지만 포스트모더니즘의 '의미 해체'가 그

방법에 있어서만큼은 불교의 무소설, 무의 언어를 지향한다고 생각되기 때문이다. 이는 포스트모더니즘의 이념이 이성에 중심(logo-centrism)을 둔 서구 문명사의 몰락과 그 극복에 관한 것이고, 새로운 출구의 하나를 동양 사상 특히 불교 세계관에서 찾고 있다는 것을 감안할 때 더욱 그러하다. 포스트모더니즘론에서 이 세계는 주체가 소멸되고 중심이 붕괴된 것으로 본다. 따라서 논리, 즉 이성의 표현이라 할 의미는 해제되지 않을 수 없다. 즉, 이 세계에 의미는 사라지고 만다. 손탁Susan Sontag은 그와 같은 세계를 '그저 그렇게 단순히 있는 것'이라 하여 "이러한 상황에 있어서 진리란 바로 무의미 그 자체"라 하였고, 힐리스 밀러Hillis Miller는 허무주의라 명명하였다. 이합 하산Ihab Hassan은 신은 죽었다고 선언한 니체의 철학과 오늘의 유럽 해체주의에서 이를 해명하고자 하였다.

해체주의에서는 소쉬르F. Saussure가 언어 구성의 원리로 보았던 시니피앙과 시니피에의 필연적 연관성을 부정하면서 "의미는 단지 시니피앙의 차별성에 의해 형성된다"고 하였는데 이는 시니피에와 무관한 시니피앙의 자율성을 지적한 것이다. 이와 같은 관점에서 이 세계 의미는 존재 혹은 지시 대상과 무관한 것이 되어 그라프G. Graff가 "모든 의미는 자의적인 것이며 동시에 우리가 언어로 표현하고자 하는 것도 실은 허구"라고 말하는 것도 무리는 아니다. 즉, 허무주의에 빠지게 되는 것이다.

포스트모더니즘의 '의미 해체론'은 그 의미의 소멸이 이성의 붕괴에서 기인한다는 점에서 근본적으로 불교의 무소설 즉무의 언어관과는 다르다. 불교에서는 세계 자체가 무를 넘어선 무 혹은 필경공 그 자체라 보기 때문이다. 그러나 최소한논리나 이성이 지배하는 일상적 공간의 실재란 허위에 지나지않는다는 인식과, 그것을 극복하는 방법이 일차적으로 의미를부정하는 데서 출발한다는 점에서 이 양자는 궤를 같이 한다고 보아야 한다. 『대승기신론大乘起信論』에서 언급하고 있는이언설상離言說相의 경지란 본질적으로 언어(차별상)와 그것이지시하는 대상(평등상)이 서로 일치하지 않음을 가리키는 것인데, 이는 포스트모더니즘이 주장하고 있는 바 시니피앙과 시니피에의 분리(미끄러짐)와 대응되기 때문이다.

일체의 모든 법은 오직 망념(거짓된 생각)에 따라 차별이생기나니 만일 그 마음으로부터 떠나면 모든 경계를 이루는차별상은 사라진다. 그러므로 모든 법이 이에 따라 말로 설하는 상을 버리고, 글로 새기는 상을 버리고, 연을 일으키는마음의 상을 버리면 필경 평등하여 변함의 있음도 없고 파괴도 불가능한 오직 한 가지 마음에 이르나니 그러므로 이것이 곧 부처의 참다운 진리이다. [18)

그러한 관점에서 포스트모더니즘의 의미 해체론은 불교의언어관에 빚을 지고 있다고 해야 할 것이다.

시의 구조와 불교 존재론

현대시의 원리를 설명하는, 대표적인 것 중 하나는 '모순 혹은 대립되는 것들의 조화 혹은 통일'이라는 개념이다. 시란 그 구조에서든, 진술에서든, 혹은 상상력에서든 서로 대립 혹은 모순되는 가치, 이미지나 정서나 의미지향들이 서로 갈등을 이루다가 결국은 하나로 조화 혹은 통합을 이룬다는 주장이다. 이는 일찍이 아리스토텔레스가 『시학』에서 시(비극)의 본질이 '아이러니'와 '반전反轉(peripetia)'에 있다는 견해를 밝힌 이래 현대에 들어 그 어떤 유형의 비평론이든 원칙적으로 수용하고 있는 이론이기 때문이다. 가령 영미 신비평의 아이러니, 패러독스, 텐션, 형이상학적 시, 형식주의나 구조주의의 이원적 대립(binary opposition), 양극의 대립(polar opposition), 병렬(parellelism), 전환轉換(conversion) 등과 같은 개념이 다 그러하다.

가령 오늘날 영미 비평의 대부라 할 수 있는 리차즈I. A. Richards는 시의 본질을 아이러니에서 해명하여 그것이 두 가지의 모순되는 가치, 즉 그의 표현대로 하자면 우호적인 충동(impulse to approach)과 배타적인 충동(impulse to retreat)의 조화(ballance 혹은 reconcilliation)에 있다고 보았다. 그것은 상상력이든 정서나 감정이든 마찬가지이다. 예컨대 정서의 경우 그는 그것을 아리스토텔레스가 『시학』에서 지적한 소위 '공포'와 '연민'이라는 두 감정의 대립과 카타르시스에서 찾았다.

한편 리파테르Michael Riffatairre는 시의 본질을 이원적 대립으로 설명한 바 있다.

진술에 그 시적인 생명력을 부여하는 것은 '환기창(soupil-rail)'[19]을 표면적으로 드러내 실현(현동화)시키는(actualization) 하이포그램hypogram(그 진술을 묘사해 주는 체계)이다. 이 하이포그램은 양극의 대립들로 특정지어진 문법과 단어들의 배열을 갖는 것에 의해 일어난다. 필자는 영원히 시적인 언어의 하이포그램들 속에는 언제나 양극화가 현재한다고 믿는다. 나아가 필자는 이 양극화가 그 시적 본질에 있어서는 필연적이며 그 언어적 전형을 위해서는 당연한 것이라고 믿는다. 양극화는 현저한 대조를 야기시킨다. 그것의 해소(대립되는 양극 사이의 등가적 진술에 의한)는 역설, 모순어법 그리고 기상奇想을 생성한다. 양극의 대립 속에서 행해지는 어떤 진술도 그것의 유사성이나 동의어성의 패러다임을 배양해 내는 쪽으로 나아가도록 하는 역할을 맡게 된다. 즉, 그들의 의미론적 영역은 참된 양극의 기하학이 된다.[20]

현대시가 그 본질을 제 가치들의 이원적 대립에 두고 있는 것은 그것이 담고자 하는 세계 혹은 인간의 삶 자체가 모순의 총체성으로 존재하는 데서 비롯한다. 그것은 무엇보다 이 최초 개념이라 할 아리스토텔레스의 소위 '비극적 아이러니'와 기회원인론적機會原因論的(Occassionalism) 세계관에 토대를 둔 근대 낭만주의자들의 '낭만적 아이러니'가 잘 설명해 주고 있다.

이 모두는 이 세계를 모순 혹은 역설로 파악하여 이를 문학적으로 반영한 데서 형성된 개념이기 때문이다. 아이러니에 대한 인식은 이후 현대철학과 문학에 지대한 영향을 주어 특히 철학에서 실존주의, 문학에서 신비평의 초석을 이루게 된다.

현대시의 본질이 이와 같은 이원적 대립에 있는 것과 똑같이 불교 존재론에서도 이 세계를 상호 대립과 그 초극으로 설명하고자 한다. 그것은 문학이 바로 이 세계를 반영하는 언어의 한 양식인 까닭에 또한 현대시의 구조와 불교 존재론이 만나는 지점이기도 하다. 석가모니가 보리수 아래에서 정각正覺한 내용은 일체유정一切有情의 삶이 역설임을 전제로 하고 있다. 중생은 그 자신의 본성 속에 불성(如來藏心, Tathāgatagarbha)을 구유하고 있으면서도 동시에 끝없는 업의 연기緣起 속에서 생사번뇌의 윤회를 되풀이하며, 연기의 이법 또한 그 자체 불일불이不一不二의 법으로서, 결국 삶이 있으므로 죽음이 있고, 죽음이 있으므로 삶이 있는 것이라고 보았기 때문이다. 따라서 양자는 개별적(차별상)인 존재(不一)이지만 궁극적으로는 동일한 존재(不二)라는 역설을 성립시킨다.

대승大乘의 교조라 불리는 용수龍樹(Nagrjuna)의 소위 이제설二諦說[21] 역시 이와 다르지 않다. 이제설이란 속제俗諦와 제일의제第一義諦를 가리키는 말로, 전자는 현상계에 입각하여 제법을 관찰할 때 우주 만물은 하나도 부정할 것 없이 실상 그대로 존재한다는 인식이요, 후자는 본체계本體界에 입각하여 볼 때 모든 만유萬有는 무자성無自性한 것으로 결국 공空하

25

지 않은 것은 하나도 없다는 인식이다. 따라서 세계를 이와 같은 모순으로 보는 것은 아이러니, 즉 이원적 대립이라 할 수 있다. 속제는 '유有'에, 제일의제는 '공空'에 해당하므로 이제二諦는 궁극적으로 일제, 즉 불이不二의 관계에 있기 때문이다.

화엄종華嚴宗이 연기를 설명하는 원리로서 제시한 소위 법계연기설을 고찰해 보아도 우리들은 연기의 원리가 역설에 기초해 있음을 알 수 있다. 법계연기설法界緣起說에서는 현상계의 모든 사물은 인연에 의하여 생멸하는데, 인연의 상호 작용은 육의六義로써 이루어진다고 한다.[22] 그런데 육의의 근본 작용인 인因은 그 자체가 '유有', 또는 '공空'의 모순 개념을 내포한다는 점에서 역설적 의미를 지닌다. 이러한 의미에서 법계연기설을 공간적 관계에서 설명하는 동체이체설同體異體說이나 상즉상입설相卽相入說도 모두 역설적 진리를 설명한 것들이라 할수 있다. 즉, 연기를 일으키는 일체제법一切諸法은 어떤 일법一法을 주로 하여 볼 때에는 그 일법자체一法自體의 인因 가운데 이미 연緣이 스스로 존재하기 때문에 모든 제법諸法과 더불어 동체同體이지만 실제에 있어서는 타의 존재를 인정하며 타자의 연에 따라 연기가 이루어진다는 점에서 또한 이체異體인 것이다. 그러므로 불교적 세계관에서 자타와 주객은 분리되어 있는 것이 아니라 동일자로서 존재하며 상호 동화 혹은 치환된다. 모든 사물에 불성이 있다든가 모든 존재는 궁극적으로 공空하다든가 하는 견해는 이러한 인식의 다른 표현이다.

연기론은 자연自緣과 타연他緣 사이에 자自(주체)가 즉 타他

(객체)가 되는 상즉相卽의 원리를, 그 작용상으로 볼 때 자自의 작용하는 힘으로 타他를, 타의 작용하는 힘으로 자를 내포한다는 뜻에서 상입相入의 원리를 지니고 있다. 그런데 이것은 현대 시론의 원리인 소위 상호참여성(law of participation)과 다를 바 없는 것이다.

『반야심경』의 유명한 "색즉시공 공즉시색色卽時空 空卽是色"이라는 말도 실은 이 같은 역설적 의미를 지니고 있다. 그러나 불교 존재론에서는 모순의 관계에 있는 이제二諦는 단지 모순으로 끝나는 것이 아니다. 왜냐하면 궁극적으로 깨달음의 세계에서는 속제와 제일의제의 이 모순은 초극되기 때문이다. 즉, 이 모순이 초월되는 곳의 만유제법萬有諸法이 '무無' 또는 '필경공畢竟空'의 경지에 있게 됨은 다 아는 바와 같다. 루돌프 오토Roudolf Otto는 이것을 "'둘이 아님(不二: Not-twoness Nichtzweicheit)' '하나로서 똑같음(Oneness)' 그리고 '모순의 통일(Coincidentid Oppositorium)'로 표현되는 신비적 직관"이라는 말로 설명하였는데, 이는 현대시의 원리에 있어서 두 가지 모순 혹은 대립되는 가치들이 조화 혹은 통일을 이루는 것과 대비된다.

이렇게 이 세계의 진리, 특히 존재론적 진리가 비논리적이며 이성의 체계로 해명할 수 없는 어떤 것이라면 결국 언어는 진리를 표현함에 있어 무용한 것이 되고 만다. 즉, 어떤 궁극적 진실-초월적·존재론적 진실을 추구하는 데 일상적인 언어는 한계성을 지닐 수밖에 없다. 인간의 삶과 세계를 지배하는 원리는 모순으로 되어 있는데, 이에 반하여 언어란 사실과 논리를 토대로 해 이루어진 기호체계인 까닭이다. 그런 까닭에 불교가 언어를 부정하고 궁극적으로 '무의 언어' '무소설'을 지향한다는 것은 앞장에서 살펴보았다.

그러나 범인에게 있어서 가르침은 기본적으로 언어를 떠나 달리 방법이 있을 수 없다. 부처가 일상의 논리적 차원을 벗어난 어떤 '특별한 언어', 즉 역설을 차용한 이유가 여기에 있다. 부처는 오직 역설을 통해서만 그 자신의 진실을 드러낼 수 있었던 것이다. "불자들이여 이 보살은 열 가지 항목을 익혀야 합니다. 즉, 일一은 다多이고, 다는 일이며, 가르침에 따라서 의미를 알고, 의미에 대하여 가르침을 알고, 비존재非存在는 존재이고, 존재는 비존재이며, 모습을 갖지 않은 것이 모습이며 (후략)" "(법이란) 부처를 만나면 부처를 죽이고 조사를 만나면 조사를 죽이는 것이다" "불도를 배우려고 하는 것은 자기를 배우는 것이다. 자기를 배운다고 하는 것은 자기를 잊어버리는 것이다" 등등의 가르침이 그러하다.

우리는 이 지점에서 다시 한 번 현대시의 언어와 불교 언어의 동일성, 더 나아가 현대시에 끼친 불교의 영향을 성찰해 볼 수 있을 것이다. 다 아는 바와 같이 현대시론에서 시의 언어는 아이러니 혹은 역설의 언어로 인식되어 있기 때문이다.

문명사가들에 의하면 오늘날 서구 문명사는 위기에 처해 있다. 그리하여 그들은 그들의 문명사적 종말을 새로운 이념의 확립으로 극복하고자 하며, 그 가장 가능성 있는 대안의 하나를 동양의 예지, 그중에서도 불교나 노장사상에서 찾고자한다. 이 과정에서 서구의 현대시론이 불교 세계관이나 선사상으로부터 많은 자양을 섭취하고자 하는 것은 어찌 보면 당연한 귀결이라 할 수 있다.

이와 같은 관점에서 불교에서의 세계관이 현대시 및 현대시론에 끼친 영향을 시의 실재 인식과 존재론적 언어, 시의 구조, 시의 표현 등에서 살펴보았다. 그 결과 이 모두는 표면상불교와 아무 관련이 없는 듯 보이지만, 그 심층에 있어서는 불교의 영향을 깊이 받았거나 최소한 불교적 세계관과 유사한특성을 지니고 있음을 살펴볼 수 있었다.

이제 르네상스에서 비롯된 계몽주의적 세계관과 이를 토대로 한 서구의 물질문명은 종말에 다다랐다는 의식이 보편화되고 있다. 그러한 관점에서 오랜 동안 동양문화를 떠받친 기둥의 하나였던 한국의 지혜가 기여할 수 있는 역할은 그 의미가자못 크다고 생각된다. 한국의 문학 혹은 문학이론 역시 이제는 일방적인 서구추수에서 벗어나 오히려 서구의 요청에 부응하는 독자적이고도 고유한 자신의 영역을 구축해야 할 시점에와 있는 것이다. 현대시에 끼친 불교의 영향 혹은 상호 공통성의 확인이 중요한 이유가 여기에 있다.

선시란 무엇인가

게송

'선시禪詩'라는 말이 어느 때 등장했는지는 알 수 없다. 불교와 관계되는 시들을 어떤 특별한 개념 정의 없이 대개 심정적·편의적으로 호칭해 왔던 용어가 아닌가 한다. 따라서 '선시'의 의미는 매우 포괄적이며 또한 모호한 것이 사실이다. 그것은 이 용어가 불교사전이나 문학사전, 그리고 국어사전 등 그 어느 사전에도 등재되어 있지 않은 것으로도 미루어 알 수 있다.

다른 어떤 종교보다도 불교는 문학과 관계가 깊다. 특히 시가 그러하다. 원래 불가에서는 일찍부터 세존의 가르침이나 선사들의 깨달음을 노래한 응송應頌, 게송, 오도송, 증도가證道

歌, 열반송涅槃頌, 임종게臨終偈, 전법게傳法偈와 같은 운문 형식들이 있어 왔는데 이 모두는 넓은 의미에서 시의 범주에 속하는 것들로 물론 사문沙門, 즉 승려들의 소작이다.

응송은 12부경(경의 성격과 형식에 따라 일체의 불경을 12개 유형으로 나눈 것)의 하나인 범어의 기야祇夜(Geya)를 번역한 것인데, 앞장에서 개진한 설법 내용을 한 번 더 되풀이해서 운문화한 것, 즉 산문으로 된 경을 다시 운문체로 바꾸어 놓은 형식의 시를 가리키는 말이다. 긴 산문의 경전에 응하여 그 뜻을 운문으로 편다는 의미에서 '응송'이라 한다.

가령 『법화경法華經』「방편품方便品」제2에 보면 석가모니불의 설법을 듣던 사리불舍利佛이 "세존이시여, 어떤 인연으로 간곡히 부처님들의 제1방편을 찬탄하셨나이까. (중략) 원컨대 세존이시여, 이를 설명해 주시옵소서. 세존께서는 무슨 까닭으로 매우 심원하고 미묘하며 이해하기 어려운 가르침을 찬하셨나이까" 하고 묻자 세존께서는 "그만두라. 그만두라. 설법해 무엇 하랴. 만약 이를 설한다면 일체 세간世間의 천인이나 인간들은 다 놀라고 의심할 것임에 틀림없는 까닭이다"라고 설한 뒤에 다시 다음과 같은 노래를 지어 불렀다.

그만두라. 그만두라
나의 법은 어렵고도 미묘하여서
오만한 자 이 법을 익히 들으면
반드시 믿지 않고 공경 않으리.

게송 역시 12부 경의 하나이다. 응송이 산문의 경전을 다시 운문으로 고쳐 쓴 것임에 반해 게송은 전제되는 경전 없이 부처의 공덕과 교리를 창의적인 노래나 글귀로 찬미한다는 점에서 다르다. 3자 내지 8자를 1구句로 하고, 4구를 1게偈로 하는 형식을 취한다. 원래 게는 범어 '게타偈陀(Gatha)'의 첫 음절을 음으로 빌린 것이고 송頌은 그 뜻을 빌린 것이므로 게송은 범어와 한자의 합성어라 할 수 있다. 『법구경法句經』은 특별히 모두 게송으로 되어 있는 경전이다.

일반 경전에서도 세존의 설법을 들은 대중이 이에 감응하여 그 가르침이나 깨달음의 기쁨을 노래로 찬미하는 경우가 적지 않게 등장한다. 가령 『법화경』「묘장엄왕본사품妙莊嚴王本事品」 제27에는 다음과 같은 이야기가 있다. 부처께서 묘장엄이라는 왕에게 설법을 하였는데, 그 자리에 왕비 정덕淨德과 두 아들 정장淨莊, 정안淨眼도 참배하였다. 설법을 들은 두 왕자는 크게 느낀 바 있어 부처를 따라 출가하고자 하지만 어머니가 허락하지 않았다. 이에 두 아들이 다음과 같은 게송을 지어 어머니의 허락을 구하고 있다.

원컨대 어머님은 저희들이 출가하여
사문으로 수도토록 허락하여 주옵소서.
부처님 만나 뵙기 심히 어렵나니
저희들이 찾아가서 따라 배우리다.

오랜 겁에 한 번 피는 우담발화보다
부처님의 세상 출현 그 더욱 어려우니
여러 가지 많은 환난 해탈키도 어렵나니
원컨대 저희들의 출가 허락하옵소서.

부처의 공덕을 칭송하는 내용의 게송들도 많다. 『법화경』은 원래 세존이 왕사성王舍城의 기사굴산耆闍崛山에서 비구의 무리 1만 2천 명과 함께 머물며 한 설법이다. 그중 『수학무학인기품授學無學人 記品』 제9에 다음과 같은 내용이 전해진다. 세존이 학습에 열성인 제자들, 즉 아난阿難과 나후라羅睺羅를 칭찬하며 그들이 마침내 성불하게 될 것을 예언하자 학습을 완료한 이천의 제자들이 기뻐 날뛰며 다음과 같은 게송을 지어 불렀다.

지혜의 밝은 등불 거룩하신 세존께서
우리에게 주시는 수기의 음성 듣고
마음 크게 환희함이 온몸에 가득하니
감로의 단비를 퍼부은 것 같나이다.

『능가경楞伽經』 앞머리에 실린 다음과 같은 장편 게송에는 세존에게 설법을 구하는 사문의 간절한 해탈에의 염원이 피력되어 있다.

어떻게 그 마음을 청정히 하며
어떻게 그 마음을 증장增長합니까.
어떻게 치혹癡惑을 깨닫고
어떻게 그 번뇌는 커지는 것입니까.
(중략)
무슨 까닭에 불자라고 이름하며
해탈이란 어느 곳에 이르는 것입니까.
누가 묶고 누가 해탈하는 것입니까.
무엇이 선禪의 경계입니까.
왜 삼승三乘이 있습니까.
바라옵건대 해설하여 주옵소서.

　이렇듯 게송이란 원래 경전의 일부를 구성한 시가의 한 형식으로 부처를 찬미하거나 사문의 도리를 다짐하며, 혹은 깨우침의 환희를 노래하거나 부처에게 설법을 구하는 내용으로 오랫동안 전래된 것이었다. 그런데 후세에 이르러 특히 선가禪家에서는 이의 전통을 수용, 시 혹은 노래를 통해 부처의 가르침을 전달하고자 하는 관례가 보편화되었다. 즉, 선림禪林에서 선승禪僧이나 운수雲水가 선문답이나 기타 선생활에 관계되는 많은 노래를 지어 부름으로써 오늘날 '선시'라 할 수 있는 게송의 한 독특한 장르를 만들어낸 것이다. 이 후자의 의미로 게송은 그 내용에 따라 여러 유형으로 세분될 수 있다.

　첫째, 선문답을 시로 읊은 공안시라 부르는 유형이다. 대표적인 것으로 『벽암록』과 『종용록』에 수록된 게송들을 들 수 있다. 그중에서 『벽암록』은 설두선사가 선사상사에서 중요한 고칙공안古則公案 백 칙則을 가려 뽑아 해설한 책으로 그 구성은 수시垂示, 본칙本則, 송頌, 착어着語, 평창評唱 등 다섯 개의 강목으로 나뉜다. 본칙은 역대 선덕先德과 선사禪師들의 공안 백 칙 그 자체이고, 송은 이 본칙을 노래로 읊은 것이다. 또한 수시는 이 본칙 앞에 후인들을 위해 이 본칙이 지닌 중요한 요점을 적은 것이고, 착어는 본칙이나 송의 각 구절을 주해한 것, 평창은 총평에 해당하는 것이다. 본칙과 송은 저자인 설두 자신이 뽑아 노래한 것이나 그 외 수시, 착어, 평창 등은 후에 설두의 제자인 환오圜悟가 붙였다. 그런데 그중 '송'이 바로 선가에 보편적으로 전래되어 온 게송의 한 전형이 되었다.

가령 『벽암』 제9칙은 '조주사문趙州四門'이다. 어느 날 한 운수가 조주 화상을 찾아와 물었다. "조주, 조주 하는데 그 조주란 본래 어떤 것입니까?" 그러자 조주는 "조주에는 동문東門도 있고 서문西門도 있고 남문南門도 있고 북문北門도 있지" 하고 대답하였다 한다. 이에 소위 '조주사문'은 선의 중요한 공안의 하나가 되었다. 설두는 이 본칙에 다음과 같은 게송을 붙였다.

> 말 속의 뜻을 담아 다그쳐 보았으나
> 금강金剛의 눈은 티 없이 맑기만 하구나.
> 동서남북에 문이 마주 보고 서 있으니

철퇴를 마구 휘둘러도 열리지 않네.

- 조오현曺五鉉 옮김

둘째, 개오시開悟詩라 부를 수 있는 유형이 있다. '개오'란 『부법장전付法藏傳 5』의 '동시개오同時開悟'라는 말에서 나온 것으로 지혜를 열어 진리를 깨닫는다는 뜻으로, 개오시는 대덕 고승이 깨우침을 얻어 인생관이나 우주관과 같은 큰 진리를 알게 되었을 때의 환희를 시로 쓴 것이다. 소동파의 「오도송」과 당나라 때의 영가永嘉대사 현각玄覺이 지은 「증도가」가 특히 유명하여 그런 까닭에 이러한 유형의 시를 별칭 '오도송' 혹은 '증도가'라 부르기도 한다.

문득 콧구멍이 없다는 말을 들으매
온 우주가 나 자신임을 깨달았네.
유월 연암산 아래 길,
할일 없는 들사람이 태평가를 부르네.

- 경허성우鏡虛惺牛, 석지현 옮김

셋째, 시적시라 부를 수 있는 유형이 있다. 고승 대덕이 열반에 임하여 우주만상의 깨우침을 시로 쓴 것이다. 고승이 입적할 때 도를 완전히 이루어 일체의 중생고衆生苦와 번뇌를 끊고 불생불멸의 법성法性을 증험한 시, 달리 말해 해탈의 경지를 쓴 시이다. 원래 범어로 '열반(Nirvana)'이란 멸滅을 의미하며 '원적圓寂'으로 번역되는데, '멸'이란 생사와 인과의 멸, 멸도는 그 멸을 통해 고苦의 폭류瀑流를 건넌다는 의미이다. 그리고 한자의 '원'은 덕이 모두 갖추어진 것, '적'은 장障이 모두 진한 상태, '시적示寂'의 '적'은 적멸을 가리킨다. 따라서 시적은 '적멸(열반을 시현示現한다'는 뜻으로 곧 부처나 보살 대덕의 죽음을 지칭하는 말이다. 그러한 관점에서 시적시는 '임종게' 혹은 '열반송'이라고도 한다.

> 인간의 목숨이란 물거품이니
> 팔십여 년이 봄 꿈속에 지나갔네.
> 가죽 주머니(육체)를 버리고 돌아가니
> 한 덩어리 붉은 해는 서산에 지고 있네.
>
> ─ 태고보우太古普愚, 석지현 옮김

넷째, 선리시라 불릴 수 있는 유형이다. 선의 이치와 본질을 제시하는 내용으로 되어 있다. 선종의 제3조三祖인 승찬僧璨의 「신심명信心銘」9, 당나라 때 석두희천石頭希遷이 지은 「참동계參同契」 등이 그 대표작이다. 「신심명」은 선지禪旨의 대요를 철학적으로 설파한 노래이고, 「참동계」 역시 부처가 가르친 불일불이不一不二의 법을 5언 44구, 도합 220자로 쓴 장편 고시이다. 「참동계」는 선림 특히 조동종曹洞宗이 중히 여겨 아침마다 불전에서 낭송해 왔다. 그 내용은 현상계가 즉 본체계이며 본체계가 즉 현상계이니, 그것은 하나도 아니요 그렇다고 둘도 아니라는 사상이다. '참'은 만법차별의 현상을, '동'은 만법평등의 본체를, '계'는 평등이 곧 차별이요 차별이 곧 평등임을 뜻하는 말이다. 우주는 불일불이不一不二하다는 세계관이다.

밝음 속에 나아가 어둠이 있나니
어둠으로서 서로 만나지 말라.
어둠 속에서 나아가 밝음 있나니
밝음으로서 서로 보는 일 없게 하라.
밝음과 어둠이 각기 서로 상대하니
그것은 마치 앞발과 뒷발의 걸음과 같다.
　　　　　　　　　－ 석두희천石頭希遷, 「참동계」 8, 동봉東峰 옮김

　여기서 밝음과 어둠은 각각 현상계와 본체계를 의미하고 있다.
　다섯째, 선림에서 스승이 제자에게 선법禪法을 전하는 내용의 시인 전법게이다. 다음의 시는 서산대사西山大師 휴정休靜이 제자 완허당玩虛堂에게 법을 물려주면서 지어준 노래이다.

법이여, 법이여 본래 법은 없는 것이니
법이 없는 이 법 또한 법이 없네.
지금 '법이 없는 법'을 그대에게 전해 주노니
이 법을 길이 멸하지 않게 하라.
　　　　　　　　　－ 청허휴정淸虛休靜, 석지현 옮김

그러므로 엄밀한 의미에서의 선시란 이상에서 살펴본 것과 같은 내용의 불교시를 지칭하는 용어 이상이 아니다.

요컨대, 선시는 다음과 같다. 첫째, 경전에 수록된 시로서, 응송과 경전의 게송이 이에 포함된다. 둘째, 선림의 게송으로, 여기에는 선문답에서 사용되는 게송(즉 공안시), 오도송이나 증도가와 같이 깨달음을 읊은 개오시, 열반송이나 임종게와 같이 고승대덕이 입적할 때 읊은 시적시, 「신심명」이나 「참동계」와 같이 선의 이치나 본질을 가르치는 선리시, 스승이 제자에게 법을 전하는 전법게 등이 있다. 이 모두는 경전에 수록되어 있거나 혹은 선림에서 선을 목적으로 지은 시들로, 간단히 말하면 '선의 시'이고, 이런 것들이야말로 좁은 의미의 선시라 할 수 있다.

선시의 범주

필자는 엄밀한 의미에서의 '선시'를 앞장에서 설명한 바 있다. 그러나 우리들이 일반적으로 사용하는 의미는 꼭 그렇지만은 않은 것 같다. 예컨대 앞장에서의 분류 그 어느 유형에도 소속될 수 없는 시, 예를 들어 선승이 쓴 자연시나 생활시도 실제로는 '선시'의 부류에 포함시키는 것이 관례이기 때문이다. 가령 석지현의 『선시감상사전』(민족사, 1997)에서는 불가의 실천 교리나 선수행과는 무관한 운수들의 시, 즉 자연의 정취를 읊거나 이별의 정한을 토로한 시, 혹은 옛날의 감회를 피력한 시들도 선시의 범주에 포함하고 있다.

> 돌 위에는 개울 소리 어지럽고
> 연못가엔 푸른 풀이 자라고 있네.
> 빈 산에는 비바람 많아
> 꽃잎 져도 뜰을 쓰는 사람이 없네.
>
> — 청허휴정, 「초옥草屋」, 석지현 옮김

인용 시는 석지현의 『선시감상사전』에 수록된 것들 중 하나이지만, 그 내용 자체만으로 보면 불가의 가르침이나 선적인 깨우침과 아무런 관계가 없다. 봄의 정취를 그저 서정적으로 읊은 데서 끝났기 때문이다. 이는 불가와 아무 관련 없는 유가나 도가의 시인들 역시 이와 같은 유형의 시를 두루 쓰고 있다는 사실에 의해서도 입증된다. 실제로 작자가 불가인지 유가인지 혹은 도가인지, 또 그 작품이 중국의 한시인지 한국의 한시인지를 구분할 필요 없이, 전통적인 한시는 이와 같이 자연의 정취를 서경적敍景的으로 읊은 것들이 대부분이다.

군이 합리화하자면 이 시에 반영된 삶의 무상감을 불가적인 세계관에서 오는 것이라고 주장할 수 있을는지도 모른다. 그러나 실은 그렇지 않다. '삶의 무상'이라는 명제는 꼭 불교에만 국한되어 있는 것이 아니며, 위 시에 묘사된 무상감은 불교이든 유교이든 도교이든 혹은 기독교이든 관계없이, 명상하는 자로서의 인간이 세계에 대해 지닌 근원적이면서도 보편적인 감성 이상을 벗어나지 않기 때문이다.

간밤에 부던 바람에 만정도화滿庭桃花 다 지거다.
아희는 비를 들고 쓰르려 하는고야.
낙화인들 꽃이 아니랴 쓰지 만들 어떠리.

시들어가는 꽃은 참으로 박명하여
지난밤에 바람에 다 떨어졌네.
아이야 아까운 줄 알거든
뜰에 가득 붉은 꽃을 쓸지 말아라.
— 강지재당姜只在堂, 「늦봄(暮春)」, 김달진 옮김

청허당의 시 「초옥」과 비교하기 위해, 널리 알려진 시조 한
편과 조선조 말(고종 때) 여류의 시 한 편을 각각 인용해 보았
다. 시조는 유가의 작품이고 한시 「늦봄」은 기생의 작품이니,
작자로 보면 불가와 아무 관련이 없는 사람들의 소작이다. 그
러나 이 모두는 똑같이 인생의 무상감을 봄에 떨어지는 꽃잎
을 통해 읊고 있다는 점에서 공통적이다. 그리고 이와 같은 소
재와 내용으로 쓰인 한시나 시조가 우리 국문학사에 무수히
많다는 것도 두말할 필요가 없다. 그러므로 만일 우리가 앞의
청허당 휴정의 한시를 선시라 한다면 뒤의 인용된 시들도 같
은 관점에서 역시 선시라 해야 할 것이다. 그러나 실제 그 누
구도 이들 시를 선시라 하지 않는다. 이유는 무엇일까.

답은 하나, 전자는 선사의 작품이요 후자는 불교와 관계 없는 일반인의 작품이라는 것이다. 즉, 앞의 「초옥」은 그 작자가 선사(승려)이므로 선시의 범주에 들고, 뒤의 시조나 한시 「늦봄」은 일반인의 소작이므로 선시에서 제외된 것뿐이다. 그러므로 우리는 여기서 선사들의 작품은 그 내용을 논하기 전에 무엇이든 일단 선시의 범주에 든다는 것을 알 수 있다. 넓은 의미의 선시란 앞장에서 논한 좁은 의미의 선시인 '선의 시' 이외에 이와 같은 선사들의 시, 즉 '선가 혹은 선림의 시'까지도 포함하는 개념인 것이다. 석지현이 휴정의 「초옥」을 선시로 분류했던 이유도 여기에 있다.

그리하여 석지현은 불교적 세계관과 아무 관계가 없는 것이라 할지라도 선사들이 쓴 작품, 예컨대 산중의 서정을 읊은 시는 '산정시山情詩', 지난 일을 회상하거나 폐허가 된 옛 절을 읊은 시는 '회고시懷古詩', 벗 또는 제자와의 이별을 읊은 시는 '이별시離別詩', 선자들의 정처 없는 방랑 생활을 읊은 시는 '운수시雲水詩'라 하여 모두 선시의 하위 항목으로 다루었다.

이별의 때에 아픈 심정 다 말할 수 없나니
눈시울 적시고 서로 보며 자꾸 머뭇거리네.
먼 숲, 안개는 옷감 짜듯 길게 드리웠는데
학의 그림자 바람같이 홀로 가는가.

— 청허휴정, 「이별(別小師)」

휴정이 제자와 이별하면서 쓴 것으로 이 역시 『선시감상사전』에 수록된 작품이다. 석지현에 의하면 '이별시'의 부류에 드는 선시라 한다. 그러나 꼼꼼히 읽어보면 그 어떤 구석에서도 불교적이라 할 만한 것이 없다. 아니 오히려 반불교적이기도 하다. 이 시에서 화자는 사랑에 대한 집착으로 고통을 받고 있는데 석가모니의 가르침, 즉 사제四諦인 고苦, 집集, 멸滅, 도道를 따르자면 그 같은 집착을 버리는 것이야말로 구법求法의 첫째 수행이기 때문이다. 따라서 이 시가 선시의 범주에 드는 이유 역시 앞에서도 지적했듯 다만 그 작자가 선자禪者라는 것 외에 다른 이유는 없다. 이렇듯 넓은 의미에서 선시는 '선의 시' 이외에 선자들이 쓴 시, 즉 '선림의 시' 혹은 '선가나 선문의 시'를 포함한다. 이때 '선가' 혹은 '선림'이란 '참선하는 중 혹은 그 집'을 뜻하며, '선문禪門'이란 '불가에 들어간 남자'를 뜻하는 말이다.

그러나 여기에는 또 다른 문제가 따른다. 지금까지의 관례를 보면 사문이 아닌 일반 속인들의 작품 중에서도 어떤 것은 선시로 다루어지기 때문이다. 당송 시대의 문인들을 그 예로 들 수 있다. 가령 소동파蘇東坡(소식蘇軾)의 「오도송」과 같은 작품이 대표적인 개오시 중 하나라는 것은 누구나 알고 있는 사실이지만, 소철蘇轍(소동파의 동생)의 「신종파초新種芭蕉」, 왕유王維의 「동만대설억호거사가冬晚對雪憶胡居士家」「신이오辛夷塢」「조명간鳥鳴磵」, 이백李白의 「자견自遣」「정야사靜野思」, 두보杜甫의 「유용문봉선사遊龍門奉先寺」「유수각사遊修覺寺」「추일기부영

회秋日夔府咏懷」 등도 예부터 선시로 취급되어 왔다. 그리고 이
와 같은 전통이 수천 년 그대로 전승되어 오다가 특별히 20세
기라는 문명사적 상황과 맞물려 오늘의 우리 속가 시단에 큰
영향을 끼치고 있음은 쉽게 목도하고 있는 바이다.

> 새로 심은 파초 어느새 자라서
> 보기 좋게 줄기가 주위를 덮고 있네.
> 필경 공심空心, 무엇이 있다고 하리.
> 이내 시들어 떨어지는 대엽大葉은 싱싱하지 않고……
> 당상堂上의 유인幽人
> 환幻을 관觀한 지 이미 오래
> 내 만나는 사람마다 이 몸의 덧없음을 말해주리.
>   ─ 소철, 「신종파초」, 일지一指 옮김

인용시가 불교 세계관과 관련될 수 있는 것은 세 가지 이
유 때문이다. 첫째는 '제행무상諸行無常'이라는 이 시의 주제
이다. 예컨대 일체 존재란 하나의 환영(幻)이며 삶이란 덧없
다("환을 관한 지 이미 오래 / 내 만나는 사람마다 이 몸의 덧없
음을 말해주리")는 인식이 그것이다. 불교의 근본 교리에서
'제행무상'이 소위 삼법인三法印의 하나로 불교 인식론의 근
간이 되고 있다는 것은 굳이 설명할 필요가 없다. 둘째는 '필
경공'에 대한 깨달음이다. 불교에서 말하는 해탈이란 절대 무
無의 경지 즉 '무'를 '무'라고도 말할 수 없는 '필경공'의 경

지에 들어섬을 의미하기 때문이다. 그것은 색즉시공, 즉 색과 공을 동시에 구유하면서도 그것을 초월한 어떤 절대의 평등상을 의미한다. 『반야심경』의 요체가 바로 이 필경공에 대한 가르침에 있다는 것은 잘 알려진 사실이다. 셋째는 이 시의 상징이라고 말할 수 있는 '파초'의 의미이다. 불경에서는 인간의 덧없는 삶을 자주 '파초'로 비유하곤 하는데, 이 시에 제시된 파초가 바로 그와 같은 의미를 지니고 있는 것이다.

마땅히 이 몸을 관찰하라. 마치 파초와 같고 뜨겁게 타버리는 불길과 같고 물거품과 같은 몸이라고……[23]

이 몸의 견고하지 못함이 마치 파초수와 같다.[24]

마치 파초가 안에 실질이 없는 것처럼 일체중생의 몸도 이와 같다.[25]

이 육신은 번뇌와 애욕으로 이루어진 것이며 마음의 도착倒錯에서 생겨난 허망한 것이다. 마치 실질이 없는 파초의 줄기 같다.[26]

출가보살은 자신을 관하고 이와 같이 명상해야 한다. "지금 나의 이 몸은 머리에서 발끝까지 피부와 살, 뼈, 골수가 서로 화합하여 이 몸을 이루고 있음이 마치 파초와

같아서 실질이 없는 것이다"라고……[27)

　　인적은 끊기고 계수나무 꽃잎이 지고 있다.
　　밤은 깊어 봄날의 산은 고요하다.
　　떠오르는 달을 보고 놀랐음인가.
　　이따금 봄날의 산골 개울가에서 새 우는 소리
　　　　　　　　　　　　　－ 왕유, 「조명간」, 일지 옮김

　「조명간」은 왕유의 대표적인 자연시의 하나로 『대반열반
경大般涅槃經』의 다음과 같은 말씀을 연상시킨다. 왕유가 신회
神會에게서 바로 이 경전의 이론을 배웠다는 사실을 상기한다
면 이는 결코 우연이 아닐 것이다.

　　비유컨대 마치 산간의 개울에서 들려오는 소리를 어린
　아이는 실성實性으로 듣지만 지인智人은 정실定實이 없음을
　안다.

이에 대해 진윤길陳允吉은 다음과 같이 이야기하고 있다.

　　왕유의 대표적인 자연시에 묘사되고 있는 동動과 정靜은
　사람들의 시각에 보이는 모든 변화현상이 가상일 뿐만 아니
　라 청각에 들리는 모든 변화현상도 가상이라는 것을 표현한
　다. (중략) 생멸 현상의 공허함을 묘사하고 있을 뿐만 아니

라 (중략) 자연계의 음향이 모두 허환부실虛幻不實한 것임을
표현하고 있다.[28]

몸을 쌍봉사에 두고
칠조七祖의 선문을 두드렸네.
돛을 내리고 옛 생각 더듬으며
거친 베옷 입고 선(禪)의 세계 구하네.
　　　　　　　　　– 두보, 「추일기부영회」, 일지 옮김

　만년에 두보가 기주夔州에 거하면서 쓴 작품이다. 내용 그
대로 선정禪定의 세계를 갈구하는 시심이 직접적으로 드러나
있다. 이는 또한 두보가 「야청허십일송시이유작夜聽許十一誦時
而有作」에서 "나 또한 지난 날 승찬僧璨과 혜가慧可의 선을 배
웠건만 이 몸은 아직도 선적禪寂의 꿈을 꾸고 있네"라고 읊은
것을 통해서도 확인된다.
　이렇듯 속가의 시인들의 작품이더라도 그것이 선의 세계를
지향하거나 불교의 교리를 형상화한 것이면 선시 안에 포함되
는 것이 관례였다. 대체로 이러한 유형의 시는 첫째 선가의 개
오시와 같이 선적 깨달음을 읊은 것, 둘째 불교적인 세계를 형
상화하거나 그 교리를 탐구한 것, 셋째 선의 세계를 동경하거
나 선적 취향을 내비친 것 등으로 나뉜다. 가령 소동파의 「오
도송」은 첫째 유형에, 「신종파초」나 「조명간」은 둘째 유형에,
「추일기부영회」는 셋째 유형에 들 수 있을 것이다.

그러나 그중─ 비록 소동파의 「오도송」 같은 작품이 있기는 하나─ 첫째 유형의 시는 지극히 예외적이다. 속가의 시인이 개오시와 같은 선시를 쓴다는 것 자체가 지극히 어렵고 그들의 시작詩作의 목적이 그 같은 깨달음에 있는 것도 아니기 때문이다. 따라서 일반적으로 속가의 시인들은 둘째나 셋째 유형의 경지에서 만족할 수밖에 없다. 필자는 그러한 경지의 시를 '선미禪味의 시'라 부르고자 한다. '선미'란 "선의 취미 즉 풍진(속세를 떠난 취미)", 다시 말해 '몸은 속세에 있어도 마음은 선의 경지를 동경하거나 그 세계에 심취한다'는 뜻이다.

따라서 이상 논의한 바에 따라 선시의 범주를 한정하면 다음과 같다. 첫째 앞장에서 논한 '선의 시', 둘째 본 장에서 논한 '선림의 시'와 속가 시인들이 쓰는 '선미의 시' 등이다. 물론 이 중에서 엄밀한 의미의 선시란 '선의 시'를 가리킨다. 그러나 관용적으로 쓰이는 넓은 의미에서의 선시란 '선의 시'에 이 '선림의 시'와 '선미의 시'를 포함하는 것이라고 말할 수 있다.

한용운과 자유시로서의 선시

님은 갔습니다. 아아, 사랑하는 나의 님은 갔습니다.

푸른 산빛을 깨치고 단풍나무 숲을 향하여 난 작은 길을 걸어서 참어 떨치고 갔습니다.

황금의 꽃같이 굳고 빛나던 옛 맹세는 차디찬 티끌이 되어서 한숨의 미풍에 날아갔습니다.

날카로운 첫 키스의 추억은 나의 운명의 지침을 돌려놓고 뒷걸음쳐서 사라졌습니다.

나는 향기로운 님의 말소리에 귀먹고 꽃다운 님의 얼굴에 눈멀었습니다.

사랑도 사람의 일이라 만날 때에 미리 떠날 것을 염려하고 경계하지 아니한 것은 아니지만 이별은 뜻밖의 일이 되고 놀란 가슴은 새로운 슬픔에 터집니다.

그러나 이별을 쓸데없는 눈물의 원천을 만들고 마는 것은 스스로 사랑을 깨치는 것인 줄 아는 까닭에 걷잡을 수 없는 슬픔의 힘을 옮겨서 새 희망의 정수박이에 들어부었습니다.

우리는 만날 때에 떠날 것을 염려하는 것과 같이 떠날 때에 다시 만날 것을 믿습니다.

아아, 님은 갔지마는 나는 님을 보내지 아니하였습니다. 제 곡조를 못 이기는 사랑의 노래는 님의 침묵을 휩싸고 돕니다.

사랑과 이별

삶에는 많은 고통이 수반될 수 있겠으나 '사랑'을 가치의 척도로 삼을 경우 '이별' 이상 절망적인 상황은 없을 것이다. 사별보다 생이별이 더 그러하다. 전자는 운명적인 것이어서 쉽게 체념할 수 있지만 후자는 그렇지 못하기 때문이다. 그것은 만날 수 없는 사람을 그리워하는 심정보다 만날 수 있으면서도 만나지 못하는 사람을 그리워하는 심정이 더 괴롭다는 사실에서 쉽게 설명된다. 그러므로 우리는 님과의 '생이별'을 내용으로 담은 「님의 침묵」에서 화자가 겪는 아픔이 얼마나 고통스러울 것인가를 미루어 짐작할 수 있다.

그러나 화자는 그 고통을 단순한 고통이나 절망으로 받아들이지 않고 오히려 희망의 원천으로 되살려 놓는다("슬픔의 힘을 옮겨서 새 희망의 정수박이에 들어부었습니다"). 실로 이별을 주제로 한 많은 시들 중에서 「님의 침묵」이 가작의 하나가 될 수 있었던 것, 그리고 이 시의 화자가 위대한 실존으로 정립될 수 있었던 이유는 바로 이러한 절망이 희망이 되고 이별이 만남이 되는 역설에 있다고 할 수 있을 것이다. 님과의 이별에서 연유된 절망이 희망의 원천으로 되어가는 화자의 심리적 발전은 1절(1~2행)-님과의 이별, 2절(3~5행)-이별에서 오는 고통, 3절(6~8행)-깨달음, 4절(9~10행)-이별의 초극이라는 단계로 살펴볼 수 있다.

1절

1절은 님과의 이별을 언급한 부분이다. 여기서 시인은 그 이별이 님과 화자의 합의에서가 아니라 님의 일방적 '떠남'에서 오는 것임을 고백한다. 즉, 이 시에서의 이별은 무슨 이유에서인지는 모르지만, 님의 떠남으로부터 촉발되는 것이다. "님이 떠나갔다"는 말을 두 번씩이나 반복한 이 시의 첫 행이 이를 강조한다. 그러나 님이 화자를 버리고 떠나간 이유는 통속적인 이별이 그러한 것처럼 화자에 대한 님의 사랑이 식어서, 혹은 님의 바람기가 일어서가 아닌 것 같다. 오히려 화자를 아끼면서도(최소한 화자를 싫어하지는 않으면서도) 무엇인가 보다 큰 뜻을 위하여 화자를 홀로 남겨두고 떠나는 것이라고 해석하는 것이 자연스럽다.

이러한 해석은 님이 화자를 냉정하게 혹은 무관심하게 버리고 간 것이 아니라 '참어' 떨치고 갔다는 이 시의 표현에서 가능하다. '참어'는 원문에 '忍'이 병기되어 있으나 '차마'라는 부사의 전라·충청지방의 방언도 곁들인 것으로 보인다. 말하자면 일종의 중의법이라 할 것이다. 그러나 '차마'는 '마음에서 우러나는 애틋하고 안타까운 정을 억눌러 참고서'(이희승, 『국어대사전』)라는 뜻을 지니고 있으므로 원래부터 '인忍'의 뜻이 내포된 말이기도 하다. 따라서 님이 화자를 '참어' 떨치고 갔다는 이 시의 언급은 님이 화자를 아끼고 사랑하면서도 무언가 큰 뜻 혹은 다른 뜻을 성취하기 위하여 못내 떠나갔다는 말이 된다. 싫은 자에게 '마음에서 우러나오는 애틋하고 안타까운 정을 억눌러 참고' 떠날 사람은 없을 것이기 때문이다.

이와 같은 이별의 상황은 님이 떠나는 길을 (아마도 미움과 원한의 이별이라면 상상하기 힘든) 아름답고 고결한 것으로 묘사한 이 시의 제2행, 즉 "푸른 산빛을 깨치고 단풍나무 숲을 향하여 난 작은 길"에서 뒷받침된다. 그러나 여기에서의 푸른 산과 단풍나무 숲은 단지 수식어로서만 사용된 것은 아니다. 그것은 (앞으로 우리가 탐구해야 할 명제이지만) '자연'을 통해서 시인이 제시하고자 했던 어떤 절대 세계를 표상한 상징이기도 하다. 일반적으로 산은 자연의 변화, 특히 사계절의 반복적 순환을 대변한다는 점에서 '윤회전생'의 의미를, 단풍나무는 가을의 화려하게 물든 잎들이 곧 조락으로 귀결된다는 점에서 '생의 무상성'이라는 의미를 함축한다. 따라서 "푸른 산빛을 깨치고 단풍나무 숲을 향하여 난 작은 길"이라는 이 시의 제2행은 윤회전생을 벗어나 무상에 이른 경지를 가리키는 말이 아닐까 한다.

그것은 인위에 대해서 무위無爲(무상無常), 유한에 대해서 무한, 인성人性의 세계에 대해서 불성佛性의 세계를 상징하는 것일지도 모른다. 그러므로 '님이 가는 그 길'이란 절대 세계, 즉 불교에서 말하는 절대의 평등상, 절대 자유의 세계를 의미하고, '님의 떠남'이란 단순한 통속적 이별이 아니라 절대 세계에 대한 말없는 가르침 혹은 행동적 가르침이기도 하다. 필자가 앞서 지적한 님의 떠나감이 지닌 어떤 '큰 뜻'도 바로 여기에 있다고 할 것이다. 「님의 침묵」은 이미 그 첫 행에서 이처럼 남녀의 사랑의 이야기를 빗대어 차원 높은 존재의 의미를 탐구하고 있었다.

2절

2절은 님과의 이별 후 화자가 경험하게 되는 고통이다. 첫째 그는 옛 맹세가 허망한 것임을 알게 된다. 비유컨대 '황금의 꽃' 같은 맹세는 '한숨에 날리는 티끌'처럼 사라져 버린다. 대체로 불경에서 황금빛은 상서로움을 나타내는 상징으로 쓰이고 있다. 『유마경』 11장 「보살의 수행」에 보면 부처님이 망고 숲의 정원에서 가르침을 설하고 계실 때 그곳에 모인 대중이 황금빛으로 빛났다고 했으며, 깨달음을 얻은 자의 방에는 여덟 가지의 특색이 있는데 그중의 하나가 방이 항상 황금빛으로 빛나는 것이라 하였다. 뿐만 아니라 부처가 설하는 곳에 하늘에서 꽃비가 내렸다는 언급은 불경에서 자주 묘사되고 있는 바이다. 그리하여 황금색 꽃을 피우는 식물로 향기가 좋고 잎에서 향료를 채취하는 '참파카campaka'는 불교에서 부처의 공덕을 나타내는 꽃의 상징으로 제시된다.

따라서 '황금의 꽃 같은 맹세'란 단순한 세속적 삶에 관한 맹세라기보다는 이를 초월한 지고지순의 어떤 절대적인 세계, 그러니까 불국 정토에 관한 맹세에 가까운 것임을 알 수 있다. 그런데 지금 화자는 님과 맺은 그 같은 맹세가 님의 떠남으로 인하여 한낱 티끌처럼 사라져 버렸다고 고백한다. 이는 님과 맺은 약속, 즉 절대적인 세계 혹은 불굴 정토에서의 삶이 님 없이는 불가능하다는 인식에서 오는 것이다. 이렇듯 님과의 이별을 통해서 화자가 처음으로 겪는 고통은 님 없이는 어떤 절대적인 세계에 도달할 수 없다는 좌절감으로 나타난다.

둘째 "날카로운 첫 키스의 추억은 나의 운명의 지침을 돌려놓고 뒷걸음쳐서 사라졌습니다"(4행)에서 알 수 있듯이 님과의 사랑을 통해서 화자의 생은 질적으로 변해 버렸고 그로 인해 고통스러워졌다. 운명의 지침이 돌려졌다는 것은 그의 삶에 어떤 근본적 변화가 있게 되었다는 것을 비유한 말이다. 이는 만일 그가 님을 만나지 않았더라면 화자의 세속적 혹은 일상적 삶이 최소한 이토록 고생스럽지는 않았을 것임을 전제한 것이기도 하다. 님을 만나지 않았더라면 그는 다른 범상한 대중처럼 현실의 삶에 안주하며 세속적 행복을 구가하는 데서 만족하였을 것이기 때문이다. 그러나 님과의 만남으로 인해

보다 영원하고 절대적인 세계를 알게 된 화자는 결코 이 같은 세속적 행복에 만족할 수 없었다. 그러한 관점에서 화자가 겪는 고통은 비록 가치 있는 것이라 하더라도 헤어질 수밖에 없는 님과의 만남에서 연유된 것이라 할 수 있다.

님과의 만남으로 화자의 세속적 삶이 고통스럽거나 불행해진 원인은 제5행에서 설명된다. 향기로운 님의 말소리에 귀먹고 꽃다운 님의 얼굴에 눈먼 화자가 그것이다. 온통 보는 것과 듣는 것, 생각하는 것이 님밖에 없는 화자로서는 이 험한 세상을 헤쳐 나갈 세속적 지혜를 터득할 수도, 그러한 능력을 배양할 수도 없었을 것이다. 그러나 사실 세속적 생활에 관심이 없는 화자에겐 귀먹고 눈멀어 일상생활에 불구가 되었다는 그 자체가 크게 고통스러운 일은 아니다. 문제는 그럼에도 불구하고 님의 떠남(이별)으로 인해 이 세속적 삶을 초월할 수 없다는 데 있다. 이로 보아 화자가 겪는 고통은 이 속세에서 성취하고자 하는 어떤 소망 때문이 아니라, 오히려 이 속세를 초월하지 못한 데서 오는 것임을 알 수 있다.

3절

님과의 이별을 통해서 얻은 깨달음에 대하여 화자는 3절에서 언급한다. 지금까지 화자는 그가 추구했던 행복, 즉 이 속세를 벗어나 절대 세계에 도달하는 길이 님과의 합일에 있는 것으로 믿었다. 그리하여 님의 떠남으로 인해 절대 세계에 들 수 없는 상황을 고통스러워했다. 통속적인 관념에서 이와 같은 생각은 물론 옳다. 사랑의 완성이란 님과의 합일에서 가능하며, 이 시의 첫 부분에서 묘사되었듯 화자에게 있어 님은 절대세계를 가르쳐 주고 또 그곳으로 인도해 주는 존재이기 때문이다(1절 해석 참조). 그러나 님이 정작 떠나고 홀로 남은 화자가 슬픔과 절망을 경험하였을 때 그에겐 하나의 깨달음이 있게 된다. 그것은 진정한 사랑의 의미가 무엇이냐 하는 것이다.

그는 우선 그 사랑의 대상인 님이 범상한 인간, 즉 사바 대중의 한 사람이 아니라는 것, 그리고 그 사랑의 완성으로 드는 세계 역시 미혹한 속세가 아니라는 사실을 깨닫는다. 그의 님은 지고지순한 존재이며, 그가 지향하는 세계는 어떤 절대적인 세계이다. 따라서 님에 대한 그의 그와 같은 사랑은 본질적으로 세속인들이 나누는 사랑이 아니고, 최소한 인간의, 인위의 논리에서는 벗어나 있는 사랑이어야 한다. 그럼에도 불구하고 화자는 지금까지 님을 인간의 논리로 사랑했던 것이다. 제6행의 "사랑도 사람의 일이라 만날 때에 미리 떠날 것을 염려하고 경계하지 아니한 것은 아니지만"이 이를 말해준다. '사랑도 사람의 일'이라는 인식이 바로 그것이다.

화자는 절대 세계에 들기 위하여 지고지순한 존재를 사랑하면서도 처음엔 그것을 인간의 논리로 이해하였다. 그런 까닭에 거기에는 이별이 있었고 그에 수반되는 슬픔과 고통도 따르게 되었다. 그리하여 화자는 "이별은 뜻밖의 일이 되고 놀란 가슴은 새로운 슬픔에 터집니다"(6행)라고 고백했던 것이다. 그러나 이제 화자는 그 지고지순한 존재에 대한 사랑의 완성이 인간의 논리가 아니라 초월적인 사랑 혹은 어떤 지고 지순한 사랑에 의해서만 이루어질 수 있다는 사실을 깨닫게 된다. 그것은 애정과 증오 또는 연민과 한이 갈등하는 인간적 사랑이 아니다. 제7행의 "그러나 이별을 쓸데없는 눈물의 원천을 만들고 마는 것은 스스로 사랑을 깨치는 것인 줄 아는 까닭에 걷잡을 수 없는 슬픔의 힘을 옮겨서 새 희망의 정수박이에 들어부었습니다" 혹은 제8행의 "우리는 만날 때에 떠날 것을 염려하는 것과 같이 떠날 때에 다시 만날 것을 믿습니다"는 이와 같은 인식을 보여주는 진술이라 할 것이다.

4절

4절은 3절의 결과로 이른 존재의 어떤 상황이다. 화자는 이제 님에 대한 그 초월적 혹은 역설적 사랑에 의하여 인위의 세속적 삶을 초월하게 되는데, 그가 도달한 곳은 불가에서 말하는 '깨달음의 세계'이다. 시인은 이와 같은 경지를 크게 두 가지로 설명하고 있다. 하나는 '있음'과 '없음'의 차별상이 사라진 어떤 평등상의 세계요, 다른 하나는 '언어가 없는 세계', 즉 '무소설'의 세계이다. 그리고 이러한 것이야말로 불교 존재론이 가르치는 '절대 자유의 경지'라 할 것이다.

"아아, 님은 갔지마는 나는 님을 보내지 아니하였습니다"라는 제9행은 인간적 사랑의 논리에서 벗어나 있는 진술이다. 이미 떠나간 님이 동시에 떠나지 않았다는 것은 일상의 논리에서 있을 수 없기 때문이다. 세속적 사랑에서 이별은 이별이고 만남은 만남일 따름이다. 그러므로 '이별이 즉 만남'이라고 말하는 이 시행의 진술은 앞에서 언급했듯이 화자가 깨달음에 의하여 이제 어떤 절대적 혹은 역설적 사랑의 세계로 초월해 있음을 보여 주는 것이라 할 수 있다. 그런데 다른 한편으로 이 시행을 엄밀히 살펴보면 우리는 '있음(有)이 곧 없음(無)이요, 없음이 곧 있음'이라는 시인의 존재론적 인식이 반영되어 있음을 발견하게 된다. '님이 갔다'는 것은 '없음'이요 '님을 보내지 아니하였다'는 것은 '있음'인데, 이 시행은 '님이 간 것'이 즉 '님이 있는 것'이라고 말하기 때문이다. 이 시행은 또한 역으로 '아아 님은 여기 있는데 님은 갔습니다'라는 뜻이 될 수도 있어, 전자의 경우 '없음이 곧 있음'이라면 후자의 경우는 '있음이 곧 없음'이 되기도 한다.

제9행을 이렇게 해석하면 이는 바로 '있음이 곧 없음'이요, '없음이 곧 있음'이라는 화자의 깨달음을 발견하게 된다. 그것은 '있음'과 '없음'의 절대적 지양, 그러니까 불가에서 이르는 바 '있는 것이 바로 없는 것'이요 '없는 것 또한 있는 것'이며 그런 까닭에 '있다'고도 '없다'고도 말할 수 없는 어떤 절대의 평등상, 즉 『반야경』에서 이르는 '필경공'의 경지와 같다. 그러므로 제9행의 "아아 님은 갔지마는 나는 님을 보내지 아니하였습니다"라는 진술에는 불교 존재론, 즉 '색즉시공 공즉시색'이 시적으로 형상화된 것이라고 말할 수 있다. 여기에서의 '시적 형상화'라는 말은 곧 시인은 자신이 말하고자 한 불교 존재론을 이 시에서 사랑의 이야기로 은유화했다는 뜻이다.

마지막 제10행 "제 곡조를 못 이기는 사랑의 노래는 님의 침묵을 휩싸고 돕니다"는 불교 존재론에서 말하는 '무소설'의 시적 형상화이다. 불가에서는 깨달음의 경지에 이르게 되면 이 세계는 언어가 사라진다고 한다. '언어'란 '있는 것'들의 이름인데, 진정한 세계(존재)는 '있는 것'도 아니며 '없는 것'도 아니므로 언어가 있을 수 없는 까닭이다. 그러므로 석가모니는 ('있는 것'들의 이름이라 할) 언어는 진리를 전달할 수 없고 진리는 언어가 없는 상태에서 직관적으로 깨우쳐야 한다고 설하였다. 가령 초전법륜의 염화시중은 그 실천적 예이거니와 '언어도단 불입문자 교외별전 직지인심 견성성불'은 그 대표적인 가르침이다.

이와 같은 관점에서 볼 때 마지막 행에서 제시한 '님의 침묵'(실상 이는 이 시의 제목이 되고 있다는 점에서 이 작품의 주제를 암시하고 있다) 역시 바로 불가에서 말하는 '무소설', 즉 언어를 벗어난 필경공의 경지인 평등상을 의미하는 것이라고 말할 수 있다.

화자는 더 이상 사바 중생처럼 '말씀(언어)'을 통해 사랑을 맺거나 또는 완성시키는 세계에 머무를 수 없다. 앞서 살펴본 것처럼 화자가 님과 사랑을 완성시키고자 하는 것은 세속적인 삶의 완성에 있는 것이 아니라 어떤 절대의 세계인 평등상에 드는 것인데, 불가의 가르침을 따르자면 그러한 진리의 세계인 평등상은 언어를 벗어난 곳에 있기 때문이다. 그러므로 화자가 초월적 사랑에 의해서 속세를 벗어나 깨달은 그 절대 자유의 경지에서 님의 언어는 침묵(무소설)일 수밖에 없다. 이제 화자는 언어의 길을 벗어나고, '있음'과 '없음'의 차별상이 지양된 평등상의 세계에 다다르게 된다. 앞에서 누차 지적한 대로 화자가 님과의 사랑을 통해서 추구한 '어떤 절대적인 세계'란 바로 불가에서 말하는 이 같은 평등상의 경지였던 것이다. 시인이 이를 '갔지마는 가지 않은 님', 오직 '침묵밖에 접할 수 없는 님'과의 사랑의 완성이라는 이야기로 형상화시킬 수밖에 없었던 것은, 그가 그것을 '시'라는 특별한 담론을 통해 이야기하는 형식을 빌렸기 때문이다.

사랑의 존재론적 의미

필자는 앞장에서 「님의 침묵」이 님과의 사랑의 완성을 통해 어떤 절대적인 경지로 초월하고자 하는 화자의 이야기를 내용으로 담은 작품이며, 이때 그 절대적인 세계란 불가에서 지향하는 이른 바 '평등상'의 경지를 의미하는 것이라고 말한 바 있다. 이러한 관점에서 필자는 이 작품이 불교 존재론을 남녀 사랑의 이야기에 빗대어(은유화하여) 형상화한 것이라고 생각한다. 그러나 여기에는 몇 가지 해명해야 될 것들이 남아 있다.

첫째, 사랑의 대상이 된 '님'이란 무엇을 형상화한 것인가? 이에 대해서는 다음 장에서 설명될 것이다. 둘째, 불가의 가르침에 의하면 집착과 애욕을 끊어 버리는 일이 깨달음을 구하는 첫 번째의 과제라 하는데, 불교 존재론을 설하고자 하면서도 이 작품에서 이를 화자와 님의 '사랑'을 비유로 들어 이야기하는 것이 과연 적합한가? 셋째, 화자가 어떤 절대적인 세계, 즉 평등상에 들기 위해서는 님이 왜 화자로부터 꼭 떠나 있어야 하는 것인가? 달리 말해 이별 없이 님과 함께 그러한 세계에 도달할 수는 없는 것인가? 하는 것 등이다.

첫째 질문은 다음 장에서 논하기로 하였으므로, 우선 두 번째 의문부터 검토해 보기로 한다. 불가에서는 모든 집착과 미련을 벗어나야 깨달음에 이를 수 있다고 가르친다는 점에서 이 두 번째의 의문은 정당하다. '사랑'은 인간이 집착할 수 있는 가장 큰 번뇌의 하나인 까닭이다. 그러나 우리는 이 시의 경우 이를 두 가지 관점에서 양해해야 할 것이다. 하나는 그 말하고자 하는 불교 존재론이 여기서는 '문학작품'이라는 특이한 형식을 통해 제시되고 있다는 점이다. 그러므로 이 시에서의 '사랑'이란 하나의 은유로 제시된 것이지, 이성애의 속성 그 자체를 언급하고 있는 것은 아니다. 만일 누군가가 '사랑'의 속성이 집착에 있으므로 불교 존재론을 설하는 은유가 될 수 없다고 한다면, 똑같은 이유에서 그 어떤 인간의 이야기도 마찬가지일 터이다. 따라서 이 같은 절대론으로 이야기하자면 문학작품을 통해서는 불교 존재론을 설명할 수 없다. 그러므로 '문학적 형상화'라는 측면에서 이 점은 양해되어야 한다.

다른 하나는, 이 시에서 제시된 사랑의 내용이 일상적 삶의 그것과 다르다는 점이다. 즉, 이 시에서 형상화된 사랑은 애욕과 집착을 본질로 하는 사바 중생의 사랑이 아니다. 아니, 오히려 그것은 집착과 애욕을 벗어나고자 하는 사랑이다. 그러한 의미에서 이 시에서의 사랑은 더 이상 '사랑'이라 부를 수 없는 사랑, 필자가 앞장에서 일컬은 대로 '절대적인 사랑', 나아가 '초월적 사랑'이다. 여기에서의 '초월적 사랑'이란 바로 집착과 애욕을 초월한 사랑의 호칭인 것이다. 그러한 관점에서 이 작품에서의 사랑은 불가에서 금기하는 '집착과 애욕으로서의 사랑'과는 거리가 멀다. 이는 세 번째의 의문에서 해명된다.

「님의 침묵」에서 화자는 님과 이별하는 것이 오히려 사랑을 완성시키는 일이 되는 '이상한 사랑'을 한다. 이는 세속적 사바 중생이 경험하는 사랑과는 정반대된다는 점에서 이상하다. 우리들의 세속적 삶에서는 님과 합일하는 것, 즉 님과 함께하는 것이 사랑을 완성시키는 일이 되기 때문이다. 그렇다면 왜 이 시에서는 님과 헤어지는 일이 사랑을 완성시키는 일이 되며, 님과의 이별이 곧 만남이 되는 것인가? 필자는 앞장에서 화자가 하나의 깨달음을 통해 이러한 변화를 갖게 되었다고 말한 적이 있다. 그 깨달음이란 님이 범상한 사바 중생의 하나가 아니라 지고지순한 존재이며, 그를 통해 도달하고자 하는 세계 역시 일상이 아니라 어떤 절대적인 공간(나중에 그것이 불가에서 말하는 '평등상의 경지'라는 것이 밝혀진 바 있다)에 있다는 것, 따라서 그의 사랑 역시 어떤 초월적 사랑이어야 하는데 자신은 지금까지 인간의 논리에 따르는 사랑을 하고 있었다는 것 등이다.

그러한 관점에서 화자는 시의 전체 내용에서 두 가지의 사랑을 보여주고 있다. 하나는 깨달음을 얻기 이전의 사랑이요, 다른 하나는 깨달음을 얻은 이후의 사랑이다. 앞장에서 호칭한 것과 같이 우리는 전자를 인간적인 사랑, 후자를 초월적인 사랑으로 승화시켰다고 말할 수 있다. 그런데 후자 즉 초월적인 사랑의 완성은 어떤 절대적인 세계, 곧 평등상의 세계에 드는 데 있으므로 사바 대중이 일상에서 나누는 집착과 애욕으로서의 사랑과는 질적으로 다르다. 그것은 '사랑'이라 부를 수도 없는 사랑이며, 그러한 까닭에 앞서 이야기한 것처럼 불교 존재론과 위배되는 것은 아니다.

이렇듯 화자가 님을 사랑하는 궁극적인 목적이 '초월적인 사랑을 통해 평등상에 이르는 것'이라면 애초부터 그의 사랑은 해탈을 위한 구법의 행위와 다를 바 없다. 다시 말하면, 시인은 존재가 깨달음을 구하는 과정을 이 작품에서 사랑의 이야기로 형상화시켰던 것이다. 그러한 관점에서 이 시에서의 '님'은 부처 혹은 부처의 가르침(法)으로, '사랑'은 구법의 행위로 비유된다. 다만 애초에 화자는 그 구법을 인간적인 논리에서 찾았으나 후에 좌절을 체험함으로써 제법무아諸法無我의 논리, 즉 공空의 인식에 의해서 이루었던 것이다. 따라서 불교적인 용어로 되풀이한다면 전자는 유루지有漏知의 논리, 후자는 무루지無漏知의 논리, 다시 전자는 인성人性의 논리, 후자는 불성佛性의 논리에 해당한다. 그리고 이의 시적 형상화가 전자의 경우는 인간적 혹은 세속적인 사랑, 후자의 경우는 초월적인 사랑이었다. 시의 전반부에서 님의 떠남으로 연유된 화자의 슬픔과 고통은 바로 인간의 논리로 법을 구하다 좌절한 구도의 상황을, 시의 후반부에서 님의 떠남이 오히려 진정한 만남이 된다는 화자의 인식은 해탈의 경지를 은유적으로 표현한 것이라고 말할 수 있다.

그렇다면 왜 진정한 사랑(초월적 사랑)의 완성은 님을 떠나는 데서 가능한 것인가? 다시 말해 왜 진정한 해탈은 그가 의지처로 삼는 부처나 법 그 자체를 떠나는 데서 가능한 것인가? 이는 명백히 불교 존재론에서 해명된다. 근본적으로 불가에서는 '집착을 끊는 것이 깨달음에 이르는 첫걸음'이라는 것을 말하고 있기 때문이다. 필자가 앞에서 말한 것처럼, 불교 교리의 기본 강령이라 할 고苦, 집集, 멸滅, 도道, 즉 소위 '사제四諦'의 핵심은 번뇌와 집착을 끊어버리는 데 있다. 따라서 작품으로 형상화된 '사랑'으로 말하자면 그 진정한 사랑 역시 사랑에 대한 집착에서 벗어나는 것에서 가능하고, 그 내면화된 은유적 의미로 말하자면 진정한 해탈 역시 그가 의지처나 진리로 믿고 따르던 부처 혹은 부처의 가르침을 버리는 데서 가능해진다. 시의 후반부에서 님의 떠남을 오히려 님과 더불어 있는 것으로 인식한 화자의 사랑도 바로 이 집착을 벗어난 초월적 사랑이었던 것이다. 이러한 사랑의 이야기로 함축된 화자의 해탈(평등상의 진입) 역시 부처의 가르침이나 법으로부터의 벗어남을 뜻한다는 것도 두말할 필요가 없다.

진정한 해탈에 대한 이러한 불교적 가르침은 그러므로 '부처를 만나면 부처를 죽이고 조사를 만나면 조사를 죽이고 나

한을 만나면 나한을 죽이고 그가 부모일지라도 죽이고 친척권
속이라도 죽인다'라는 경지를 추구하게 된다. 평등상이란 설
령 그것이 부처님이라 해도 그로부터 떠나 문자 그대로 모든
집착에서 벗어난 절대 자유로운 경지를 의미하기 때문이다.
부처도 일찍이 뗏목의 비유를 통해 이렇게 말한 바 있다.

> 왜냐하면 수우부티여, 위대한 구도자는 법(理法)에 집착
> 하여도 아니 되지만 법이 아닌 것에 집착하여도 아니 되기
> 때문이다. 따라서 여래는 이 뜻에 의하여 '가르침이 뗏목에
> 비유되는 것을 아는 자는 법까지도 버리고 떠나지 않으면
> 아니 된다. 하물며 법이 아닌 것(非法)은 더 말할 필요가 있
> 겠는가?'라는 말씀을 설한 것이다.[29]

> 수우부티여, '여래'라고 하는 것은 생이 없는 존재의 본
> 질을 가리키는 다른 이름인 것이다. 수우부티여, '여래'라고
> 하는 것은 존재의 단절을 가리키는 다른 이름인 것이다.[30]

이처럼 불교 존재론에서 절대 자유의 경지에 드는 것은 궁
극적으로 부처나 법 그 자체를 버리는 것에서부터 가능한 까
닭에 「님의 침묵」의 화자가 님과 이별(님을 버림 혹은 님으로
부터의 버림)을 해야만 사랑의 완성을 이룰 수 있었던 것은 당
연하다. 그러나 이미 이 경우의 사랑은 세속적인 사랑의 그것
처럼 이별이 단순한 이별이고 만남이 단순한 만남일 뿐인 인

간적 논리의 사랑은 아니다. 오히려 이별과 만남의 구분, 즉 차별상이 사라진 사랑이므로, 이별이 곧 만남이요 만남이 곧 이별이 되는 평등상의 사랑이다. 그것은 또한 앞에서 여러 번 지적한 것처럼 존재가 '있고' '없음'이 지양된 '필경공', 즉 해탈의 경지에 드는 것의 은유적 형상화라고 말할 수 있다.

무아로서의 님

필자는 앞장에서 이 시의 '사랑'이 '구법', '님'이 '부처 혹은 부처의 가르침'의 비유임과 나아가 '님의 떠남' 즉 '이별'이 진정한 해탈에 이르기 위하여 종국적으로 부처나 법 그 자체를 버리는 행위의 시적 형상화임을 지적하였다. 그렇다면 필자는 이미 '님'이 '부처나 그 가르침의 은유'라고 말한 것이 된다.

그러나 여기에는 보다 구체적인 해명이 필요하다. 그것은 불가의 가르침에서 깨달음의 종국에 다다른 경지는 '일체 없음', ('무'라는 말도 '있는 것'의 명칭인 까닭에) '무'라고도 불릴 수 없는 '무', 그러니까 '필경공'인 까닭이다. 일체가 없는데 '부처'인들 어디 있으며 '법'인들 어디 있겠는가? 만일 있다면 미혹한 사바세계, 즉 현상계의 덧없는 허상일 따름이다. 그러므로 이 시의 화자가 사랑하는 님이 '부처'나 그 '가르침'이라 한다면 그 역시 '덧없는 허상'에 지나지 않는다. 허상은 문자 그대로 실제는 없는 것이 마치 있는 것처럼 보이는 현상이므로 진정한 존재가 아니다. 결국 화자는 실에 있어서 없는 것을 사랑했고 종국적으로 당도한 경지 역시 '무' 혹은 '평등상'이었다. 그러니 화자가 사랑했던 진정한 '님'은 '무(없음, 정확히 말하면 '있고 없음' 그 자체가 지양된 '없음')'라 할 수밖에 없다.

필자는 위에서 '진정한 님'이라는 표현을 썼는데, 이는 '거짓의 님'이 그가 현상계에서 의지처로 삼았던 '부처' 혹은 '부처의 가르침'을 가리킨다는 것과 대조 되는 개념이다. 그러한 관점에서 필자가 님을 '부처' 혹은 '부처의 가르침'이라고 말했던 것은 바로 이 '거짓의 님'을 지칭하는 것이었다고 말할 수 있다. 이는 다음과 같이 설명된다. 즉, 시의 전반부에서 해탈의 경지를 추구하던 화자는 부처나 부처의 가르침을 따랐다. 이 경우 부처나 그 가르침은 화자의 '님'이 된다. 그러나 후반부에 들어 화자는 진정한 해탈이 종국적으로 부처나 법 그 자체에 대한 집착을 버리는 절대 자유의 경지에서 이루어짐을 깨달은 후 그것을 버리지 않을 수 없었다. 화자에게 있어서 부처나 그 가르침은 한낱 거짓에 지나지 않기 때문이다. 그러므로 이제 진정한 구법의 대상은 '무' 그 자체가 된다.

그러나 '무'란 존재의 개념이 아니고 일종의 세계 개념이다. 따라서 (비록 이 시에서는 불교 존재론이 사랑의 이야기 형식을 빌려 형상화되었다 하더라도) 독자들에겐 '무'를 사랑한다든가 혹은 '무'가 '님'이라는 식의 설명은 자연스럽게 와닿지 않을 것이다. 그리하여 필자는 그것을 '무아無我'라는 개념으로 바꾸어 놓았던 것이다. '무아'는 불교 존재론에서 말하는 '무' 혹은 '필경공'의 상태에 든 존재를 지칭하는 것으로, 세계의 개념과 존재의 개념을 동시에 함축하고 있기 때문이다. 그렇다면 「님의 침묵」에서 '진정한 님'이란 곧 '무아'를 가리키는 말이 될 수밖에 없는 것이 아닌가. 앞에서 언급한 것처럼 부처나 부처의 가르침, 즉 '법'을 '님'이라 한다 하더라도, 불가에서는 '제법諸法이 무아無我'라 했으니 이 또한 자연스럽게 진정한 님은 '무아'가 될 수밖에 없는 것이다. 결론적으로 「님의 침묵」에서 님은 바로 '무아'이다.

'무아'는 불교 교리를 간명하게 요약한 소위 삼법인의 핵심을 이루고 있는 개념 중의 하나이다. 그리고 '삼법인'이란 정신계나 물질계의 제반 현상은 시간적으로 볼 때 무상한 것으로 영원한 것이 없고(제법무아인諸法無我印), 그런 까닭에 이 모든 것이 적멸한 곳, 즉 공空에 열반의 경지가 있다(열반적멸인涅槃寂滅印)는 가르침이다. 여기서 '무아'는 '고정불변한 실체가 없으면서도 있고 없음을 초월한 존재'라는 뜻을 지니고 있다.

'무아(Anātman)'는 원래 '아我(Ātman)'에서 파생된 개념이다. 우파니샤드 철학에서는 '아'를 존재의 근원으로 인식하였다. 그리하여 '아'를 우주의 근본원리를 지칭하는 '대아大我(Brahmātman)'와 현상적 각 개체를 지칭하는 '소아小我(Jivātman)'로 나누어 설명하였고, 이를 계승한 고대 인도철학에서는 이를 다시 '오온五蘊의 아' '이온離蘊의 아' '비즉비리온非卽非離蘊의 아'로 나누었는데, 대승불교 중에서도 특히 화엄종에서는 실아實我, 가아假我, 진아眞我라는 세 개념을 정립시켰다.[31] '실아'란 '이온의 아'에 해당하는 것으로 본성에 실재하는 참다운 자아라는 뜻인데 현상을 넘어선 어떤 불변의 존재이다. 그러나 이는 망상과 집착의 산물로서 실제로는 존재하지 않는다고 한다. '가아'란 '오온의 아'로서 현상적인 존재인 육신을 말한다. 이 역시 일상적 번뇌와 욕망의 불길에 싸인 찰나적·감각적 존재로 진정한 자아는 아니다. 마지막으로 '진아'란 불교의 실천적 수행에 의하여 만나게 되는 본래적인 '아'인데 이의 만남에 의하여 존재는 평등상의 경지, 즉 해탈의 경지에 도달한다고 한다. '무아'란 곧 이 '진아'를 가리키는 말이다. 그것은 있고 없음을 초월한 상태의 '아'인 까닭에 현상계에서는 없다고 말할 수도 있기 때문이다. 원시 경전인 『상응부 경전』에는 다음과 같은 가르침이 있다.

비구들이여, 색色은 무상無常이다. 무상이면 곧 고苦이다. 고면 곧 무아無我이다. 무아이면 곧 이는 아소我所(mana)가 아니고, 이는 아체我體(meātter)가 아니며, 이는 아我(atman)가 아니다. 이렇게 바른 지혜로 여실히 관찰하여라. 소나여 어찌 생각하느냐. 색色은 상常이겠느냐. (중략) 무상이요, 고苦요. 변화하는 색을 '이는 내 것(我所)이다. 이는 자아自我(atman)이다. 이는 아체我體이다' 할 수 있겠느냐.

여기서 우리는 무아가 첫째, 아소 즉 자기 소유를 부정한다는 것과 아, 즉 앞에서 설명한 범아와 오온, 이온, 비즉비리온의 아 등을 부정한다는 것 그리고 아체, 곧 불멸하는 주체로서

영혼을 부정하는 것임을 알 수 있다. 따라서 무아는 황홀한 경지를 뜻하는 것도, 무상의 경지에 드는 것도, 나를 없애는 것도 아닌 참다운 자아, 즉 자기의 확립을 의미한다. 그것은 이미 있고 없다는 현상계의 개념을 벗어나, '있는 것이 곧 없는 것'이며 '없는 것이 곧 있는 것'이 되는 평등상으로서의 자아이다.

본래 불교에서는 모든 존재는 마음의 산물이라고 본다. 『화엄경』의 '삼계유심소작三界唯心所作'이란 이를 두고 하는 말이다. 그리하여 석가는 삼라만상 모든 중생의 마음에는 불성佛性이 구유되어 있어, 그가 참답게 그 불성을 보게 되면 스스로 부처가 될 수 있다고 가르쳤다. 그럼에도 불구하고 중생이 자신의 마음에 구유된 불성을 보지 못하는 것은 무명 속에서 미혹에 빠져 망상과 집착을 벗어나지 못하기 때문이다. 그런데 중생이 이처럼 망상과 집착을 벗어나지 못하는 이유는 '실아'나 '가아' 상태에 머물러 '진아', 다시 말해 '무아'에 도달하지 못한 데 있으므로, 존재가 평등상에 이르는 길, 곧 본성에 구유된 '불성'을 발견하여 스스로 부처가 되는 길은 한마디로 '무아의 확립'에 있다고 할 것이다.

불교에서 부처는 크리스트교처럼 중생을 구원해주거나 성불시켜주는 신적인 존재가 아니다. 중생은 자신의 수행에 의하여 스스로 부처가 된다. 그러나 부처가 되기 위해서는 먼저 무아가 확립되어야 하므로, 구법의 수행자로서 중생이 마지막으로 갈망하고 소원하는 것은 무아 그 자체와의 만남이다. 부처나 그 가르침은 수행의 안내자가 될 수는 있겠으나 종국에서는 그 자체도 버려야 할 대상이기 때문이다. 그러므로 「님의 침묵」에서 시인이 화자를 해탈 혹은 평등상의 경지(부처의 경지)로 초월시킬 진정한 존재를 '님'으로 형상화시켰다면, 그는 결국 '무아'가 될 수밖에 없다.

　이러한 관점에서 볼 때 「님의 침묵」은 그 형상화적 측면에서는 화자인 자아와 타자인 님의 사랑을 완성시키고자 하는 내용이지만, 그 함축된 의미에 있어서는 존재가 자신의 마음에 구유된 참다운 자아, 즉 무아를 발견하여 평등상에 이르는 과정을 설한 불교 존재론의 중도라고 말할 수 있다. 이럴 경우 존재 혹은 자아('실아'나 '가아')는 시적 화자, '무아'는 '님'의 은유가 된다. 시의 전반부에서 화자가 평등상에 이르는 길은 부처나 부처의 가르침에서 구하였지만, 시의 후반부에서 이를 버리고 참다운 아, 즉 무아와 만나게 되는 것도 이 때문이다. 님을 이처럼 '무아'로 해석한다면, 님은 화자와 헤어져 있으면서도 같이 있는 것이 되고 이별이 곧 만남이 되는 존재일 수밖에 없다. 왜냐하면 '무아'란 '있으면서도 없고 없으면서도 있는' '있고 없음의 차별상 그 자체를 지양한' 참답고도 역설적인 존재인 까닭이다. 없으면서도 자기를 확립하는 이 역설이야말로 불교 존재론의 본질이며 「님의 침묵」이 지닌 역설인 것이다. 이는 현대 시론의 관점에서도 훌륭한 시의 본질적 특징이라 할 소위 '존재론적 역설의 중요한 특성을 그대로 드러낸 것'이라고 말할 수 있다.

　「님의 침묵」은 이렇듯 떠나가 버린 것이 사실은 함께 있는 것이 되는 님의 '침묵'에 대하여 쓴 시이다. 그리고 이때의 '침묵'이 '무소설'을 뜻한다는 것은 앞에서 자세히 논한 바 있다. 님은 결코 언어로 호명되는 세계에 존재하지 않는다. 모든 참다운 진리 혹은 깨달음은 언어를 벗어나는 데 있기 때문이다.

조오현의 선시조

조오현의 초기 시조

"문학은 삶의 반영이다"라는 말이 있듯 어떤 시인이든 그의 시에는 그 나름의 삶이 각인되어 있다. 오현의 시 역시 마찬가지일 터이다. 아니 오현의 시에는 그 누구보다도 그 자신의 삶이 여실히 내면화되어 있다. 이미 알려져 있다시피 오현은 한 사람의 시인이기 전에 큰 스님이요, 깨달음을 얻은 선사이다. 필자는 그의 세속 경력이나 운수행각에 대해서는 잘 알지 못하거니와 그가 일찍이 경남 밀양에서 출생하여 12세에 입산하여 설악문중에서 득도했다는 사실만 알고 있다. 따라서 한마디로 말한다면 그의 생애는 속인으로부터 대덕에,

출가 구도에서부터 깨달음에 이르는 길이었다. 여기에는 유년의 다감했던 안식이 있었고, 증도證道의 무량한 열락이 있었을 것이다.

우리는 그의 시에서도 이와 같은 그의 생애가 그대로 반영되어 있음을 본다. 첫째, 초기에 쓰인 서정시들이다. 대체로 유년의 회고와 자연에 대한 감회를 읊은 작품들이 이에 속한다. 아마도 대부분은 그의 법랍이 일천한 시기에 쓰인 것들이리라. 둘째는 정진 수행이 본격적일 때의 작품들인 듯 중기에 쓰인 구도시들이다. 세속을 버린 수자로서의 번뇌와 생에 대한 무상감이 잘 형상화되어 있다. 셋째, 증도가라 불릴 수 있는 최근의 작품들이다. 깨달음의 현묘한 진리가 선적 직관으로 제시되어 있는 것이 특징이다.

이른 봄 양지밭에 / 나물캐던 울 어머니
곱다시 다듬어도 / 검은 머리 희시더니
이제는 한 줌의 귀토歸土 / 서러움도 잠드시고.

이 봄 다 가도록 / 기다림에 지친 삶을
삼삼히 눈감으면 / 떠오르는 임의 양자樣子
그 모정 잊었던 날의 / 아, 허리 굽은 꽃이여.

하늘 아래 손을 모아 / 씨앗처럼 받은 가난
긴긴 날 배고픈들 / 그게 무슨 죄입니까.

적막산 돌아온 봄을 / 고개 숙인 할미꽃

　　　　　　　　　　　　　　　　　－「할미꽃」

　「할미꽃」은 첫 번째 유형에 속하는 작품의 한 예에 해당한
다. 이 시는 내용 어디에도 불가적인 요소라 할 것이 없다. 속
가 시인들의 그것처럼 자연과 생활에서 느끼는 개인적 정감이
서정적으로 노래되고 있을 뿐이다.「할미꽃」에는 유년시절의
어머니가 애틋하게 묘사되어 있는데, 이는 출가하기 이전의
어머니에 대한 회고이다. 가난하지만 순결하게 살면서 자식을
위해 일생을 헌신하는 전형적인 한국 어머니의 초상이 허리
굽은 할미꽃과 대비되어 우리의 가슴을 뭉클하게 한다.

　그러나 이 시는 단순히 어머니의 모습을 여실하게 그려 보
여주는 것만으로 끝나지는 않는다. 어머니에 대한 시인의 사
모의 정 역시 그에 못지않게 절절히 고백되어 있기 때문이다.
특히 두 번째 시조가 그러하다. 우리는 이 부분에서 어머니에
대한 그리움이 회한과 통탄의 감정으로 변하여 마침내 불효의
식에까지 이르는 시인의 미묘한 심리 발전을 감지할 수 있다.
물론 그것은 '할미꽃'이라는 상징을 탁월하게 구사하는 데서
보여준 그의 시적 전략에서 힘입은 바 크지만, 어떻든 범상한
시인이라면 45자 내외의 짧은 평시조 형식 안에서는 감히 표
현하기 힘든 내용이라 할 것이다. 그러나 이와 같은 그의 초기
의 서정시들은 시간이 지나면서 차츰 변화를 겪는다.

봄도 이른 내 서창書窓의 파초순 한 나절을
초지에 먹물 배듯 번지는 심상이여.
기왓골 타는 햇빛에 낙숫물이 흐른다.

—「낙수落水」

하늘이 숨돌린 자리 다시 뜨는 눈빛입니다.
별빛이 훑겨본 자리 되살아난 불똥입니다.
마침내 오월 초록은 출렁이는 삶입니다.

—「새싹」

위의 두 시조는 모두 자연에 대한 심회를 읊은 것들이다.
그러나 앞의 것과 뒤의 것은 자연을 보는 눈이 각각 다르다.
전자(「낙수」)가 자연을 서경적으로 묘사했다면 후자(「새싹」)는
존재론적 의미를 탐구함으로써 '구도시'의 전초적 단계에 진
입하고 있는 까닭이다.

「낙수」는 이른 봄의 정취를 정녕 아름답게 묘사한 작품이
다. 시인은 기와지붕에 쌓인 흰 눈이 따뜻한 양광에 녹아 낙숫
물이 지고 삭막한 겨울 추위를 이겨낸 뜰의 파초가 새치름하
게 순을 내민 광경을 한순간에 포착하여 계절의 변화를 생생
하게 그려 보여준다. 그러나 비록 우리 시조 시단에서 흔하게
접하기는 힘든 성공작이라 하더라도 자연에 대한 이 시인의
이 같은 시작 태도만큼은 결코 새로운 것은 아니다. 자연을 대
상으로 하여 쓴 조선조의 대부분의 시조들 역시 그와 같은 범

주에서 크게 벗어나지 않기 때문이다. 문제는 후자의 시 「새싹」과 같은 경우이다.

「새싹」은 조선조의 우리 시조에서는 거의 찾아볼 수 없는 면모들을 보여주고 있다. 첫째, 대부분의 우리 전통시조가 자연을 빌려 시인 자신의 감회를 피력한 데 반하여 이 시는 자연을 대상 그 자체로 바라본다. 시인 자신의 감정이 아니라 대상이 지닌 의미가 더 중요한 것이다. 둘째, 대부분의 우리 전통시조가 자연을 서경적으로 묘사하는 데 반하여 이 시는 대상으로서 자연이 지닌 내적 의미를 탐구한다. 예컨대 전통적인 시작태도라면 우선 새싹이 돋는 봄의 정경을 아름답게 혹은 실감 있게 묘사하는 것으로 끝났을 것이다. 그러나 이 시의 경우는 전혀 다르다. 시인은 그보다 '새싹'이 지닌 존재론적인 의미가 무엇인가 하는 데 초점을 맞추고 있다. 그리하여 그가 깨달은 바는 '새싹'이란 하나의 '눈빛' 혹은 '불똥' 같은 삶이라는 것이다.

이와 같은 관점에서 이 시는 다음에 쓰일 '구도시' 창작의 예비적 단계에 해당하는 작품이 된다. 이 명상적 철학성에 토대를 둔 그의 존재론적 의미 탐색이 불교적 세계관과 만남으로써 비로소 구도의 시가 탄생되기 때문이다. 이러한 맥락에서 보면 오현의 시에는 (아마도 초기시가 대개 그러할 터이지만) 구도의 시를 쓰거나 중도가를 짓기 이전에 이미 서정을 노래하는 단계와 자연을 존재론적으로 인식하는 단계가 있었던 것으로 생각된다. 인용시는 이러한 과정을 거친 결과 쓰인 것들이다.

내가 나를 찾는 / 끝없는 미행 속에
그 언제 헛디딘 자국이 / 무슨 그물에 또 걸렸나.
한 소식 결박을 풀어도 / 대소大笑할 하늘이 없네.

물밥, 사자 짚신에도 / 쫓겨가던 우리네 병이
오늘의 세포 속에선 / 살갗감각까지 다 죽이네.
이승을 다 잡아먹을 / 그런 인가를 받은 듯이
우리네 병, 그림자를 / 눈감고도 보겠는데
목숨의 그 당처를 / 일러줘도 못 듣는 너.
일러라 이 세상 살릴 / 네 일구一句를 네 일구一句를
                                        —「네 일구」

　「네 일구」는 깨달음을 얻고자 정진 수행하는 수자의 행각
이 각인되어 있는 작품이다. 거기에는 단지 '시인'으로서의 시
인의 모습이 아니라 '수행자로서의 시인의 모습'이 있다. 또한
망상을 좇아 미혹 속을 헤매는 안쓰러운 중생의 모습이 있고,
깨달음에 이르지 못해 좌절하는 구도자의 모습이 있으며, 이
생에 대한 집착으로 번뇌하는 불자佛者의 모습이 있고, 용맹정
진하는 사문의 남성적 모습이 있다. 그러나 무엇보다도 하나
의 문학작품으로 우리의 가슴을 울리는 것은 세간世間과 출세
간出世間의 사이에서 갈등하고 절망하는 시인의 인간적 모습

이다. 역시 문학은 인간의 이야기가 아니던가.

인용시는 진정한 깨달음이 참다운 '나'의 발견에 있음과 그 참다운 나를 찾지 못해 미망 속을 헤매다가 덧없이 사라지는 것이 중생의 허망한 삶이라는 것을 지적하고 있다. 그렇다. 불교 존재론에서 일체 평등상의 경지에 든다는 것은 참다운 나로 거듭난다는 것을 의미한다. 이때의 참다운 '나'가 '나 아니면서도 나인 나' 혹은 '나와 너의 분별을 초월한 나', 곧 '무아'를 지칭한다는 것은 널리 알려진 사실이다.

앞서 언급했듯 불교에서는 '나'를 '가아' '실아' '무아'의 세 가지로 나누지만, 그중 참다운 것은 무아, 즉 이 색계의 분별식을 벗어나 미망을 해탈할 때 만나게 되는 나, 달리 말해 '있는 나와 없는 나를 모두 초월한 것으로서의 나'라고 가르친다. 그것은 있는 것도 아니며, 그렇다고 또한 없는 것도 아닌 것으로서의 '나'이다. '해탈'이란 중생이 무아를 발견하고 그 스스로 무아가 되는 이와 같은 경지를 일컫는 말인 것이다.

위의 시에 등장하는 '두 개의 나' 역시 마찬가지이다. 시의 첫 행에서 화자인 '나'는 '나'를 찾고 있는 것으로 묘사되어 있다. 이때 찾고 있는 '나'가 가아라면, 찾고 있는 대상으로서의 나는 없으면서도 있는 나, 곧 무아이다. 따라서 이 시에 등장하는 두 개의 '나'를 이제 이렇게 정립시킬 경우 시인이 이야기하고자 하는 바가 바로 '무아에 도달함으로써 일체 세간을 벗어나 해탈에 이르고자 하는 염원'임은 자명하다.

그럼에도 불구하고 시인이 무아를 찾지 못하는 것은 그가 아직 미혹 속을 헤매고 있거나, 거짓 가르침에 집착하고 있기 때문일지도 모른다. 참다운 가르침이라 믿고 따르던 혹은 절대적인 진리라고 믿었던 그것이 사실은 자신을 구속하여 죽음으로 내몰고 있기 때문이다. 그러니 옛 선사들은 법法의 속박에서 벗어나 부처까지도 죽여야 한다고 말하지 않았던가.

이 시에서 이렇듯 화자를 함정에 빠뜨려 결박한 '그물'(그 언제 헛디딘 자국이 / 무슨 그물에 또 걸렸나. // 한 소식 결박을 풀어도 / 대소大笑할 하늘이 없네.)이란 바로 이 같은 거짓 가르침 혹은 그 가르침에 대한 집착이다. 그 거짓 가르침 혹은 법에 대한 집착은 마치 육신을 좀먹어 죽음에 이르게 하는 질병과도 같이 중생을 미망에 빠뜨린다. 그러므로 시인이 두 번째 시조에서 다음과 같이 노래하는 것은 당연하다.

"물밥, 사자 짚신에도 / 쫓겨가던 우리네 병이 // 오늘의 세포 속에선 / 살갗감각까지 다 죽이네. // 이승을 다 잡아먹을/ 그런 인가를 받은 듯이"

그러나 인용시와 같은 계열의 시들은 득도에서 오는 우주적 진실 혹은 깨달음의 절대 경지를 보여주지 못했다는 점에서 아직 그 자체가 중도라고 말할 수는 없다. 그것은 어디까지나 깨달음에 대한 절대 희원과 그 좌절에서 오는 인간적 번뇌 혹은 수행의 열정을 시로 표현하는 데서 끝난다. 아마도 시인의 문학적 생애에 있어 중기에 해당하는 시들의 대부분은 여기에 속할 것이다.

후기시조

중기 이후 오늘에 이르기까지의 오현의 시편들은 한마디로 '증도가'라 부를 만하다.

무금선원에 앉아 / 내가 나를 바라보니
기는 벌레 한 마리가 / 몸을 폈다 오그렸다가
온갖 것 다 갉아먹으며 / 배설하고 / 알을 슬기도 한다.
　　　　　　　　　　　　　　　－「내가 나를 바라보니」

인용시에서 시인은 우선 자신이 '자신'을 바라보았다고 말한다. 이때 '바라보는 내가 무아'이며 '보이는 내가 가아'라는 것은 설명이 필요치 않다. 그런데 그것은 앞에서 인용한 「네 일구」와는 전혀 입장이 다르다. 왜냐하면 「네 일구」에서는 화자가 '참다운 나=무아'를 찾아 헤매다가 미망에 떨어진 것으로 묘사되었지만(내가 나를 찾는 / 끝없는 미행 속에 // 그 언제 헛디딘 자국이 / 무슨 그물에 또 걸렸나. // 한 소식 결박을 풀어도 / 대소할 하늘이 없네) 위의 시에서는 분명 "내가 나를 바라보았다"고 적고 있기 때문이다. 그런데 무엇을 '바라본다'는 것은 대상의 확정 없이 불가능한 행위이므로, 내가 나를 바라봄은 참다운 나를 찾았다는 것과 같은 말이다. 이렇듯 오현에게 있어 '깨달음'은 참다운 자아를 발견하는 것으로부터 시작된다.

물론 우리는 이 시에서 제시된 두 개의 나를 특별히 불교 존재론에 관련시키지 않고 '본래적인 나'와 '일상적인 나' 정도로 해석할 수도 있을 것이다. 그러나 이와 같은 상식선의 해석에는 그 앞의 '무금선원無今禪院(시인이 은둔하고 있는 백담사의 선원)'이라는 말이 걸린다. 그렇다면 내가 나를 바라보는 행위의 설정을 하필 선원에다 구해야 할 이유가 없기 때문이다. 그러므로 시인은 지금 선정禪定에 든 채로 나를 바라보고 있는 것이니, 그 경지에서 발견한 내가 참다운 자아일 것임은 당연하다.

어떻든 참다운 나 혹은 무아의 '나'가 중생의 나 즉 기아를 바라보았을 때, 그것은 한낱 미망 속을 헤매는 한 마리의 벌레나 무명 속에 스러지는 환영 같은 것이었다. 그러한 관점에서 지금까지 그들이 가치 있다고 생각하여 그것의 쟁취를 위해 아귀다툼을 벌이고, 또 그로부터 연유된 희로애락의 감정에 사로잡힌 삶이란 마치 오늘 죽을지 내일 죽을지 모를 벌레들이 풀잎을 갉아먹고 알을 까서 새끼 치는 일에 다름 아닐 것이다. 시인은 이렇듯 참다운 나 즉 무아의 확립을 통해 깨달음의 경지에 도달하게 된다. 그 경지는 어떤 것일까? '증도가'라 불릴 수 있는 그의 연작시들 가운데서 각 한 편씩을 인용해 본다.

①
강물도 없는 강물 흘러가게 해놓고
강물도 없는 강물 범람하게 해놓고

강물도 없는 강물에 떠내려가는 뗏목다리.

─「무자화無字話 6」

②

놈이라고 다 중놈이냐. / 중놈 소리 들을라면

취모검 날 끝에서 / 그 몇 번은 죽어야

그 물론 손발톱 눈썹도 / 짓물러 다 빠져야.

─「일색변一色邊 6」

③

해장사 해장스님께 / 산일 안부 물었더니

어제는 서별당 연못에 / 들오리가 놀다 가고

오늘은 산수유 그림자만 / 잠겨 있다 하십니다.

─「산일山日 2」

④

지난 달 초 이튿날 한 수좌가 와서

달마가 서쪽에서 온 뜻을 묻길래

내설악 백담계곡에는 반석이 많다고 했다.

─「무설설無設設 5」

①은 그 경지가 일체가 무無요 공空임을 설파하고 있다. 시인은 일단 무엇이 '있다'는 관념에 대하여 회의한다. 우리는 감각적으로 인지된 사물이라면 무엇이든 그것이 존재한다고

믿어서, 산이 있고 강물이 있고 하늘이 있고 인간이 있다고 한다. 그리하여 거기에 의미를 부여하고 가치를 추구하며 애착을 갖게 마련이다. 그러나 진정 이 세계에 무엇이 있다는 말인가. 시인에 의할진대 그것은 마치 실제로는 있지도 않은 강물이 흘러가는 것처럼 보이는 현상과도 같다. 일단 허상으로서의 강물을 믿게 되면 거기에는 홍수가 날 수도 있고 가뭄이 들어 바닥을 드러낼 수도 있으며, 다리를 놓거나 배를 띄우는 것도 다 실제라 생각하게 된다. 우리의 삶 역시 마찬가지이다. 가아로서의 나의 존재를 확신하기 때문에 이 세상의 모든 것들이 참다워 보이고 가치 있어 보이며 그로 인해 오욕칠정의 번뇌에 빠진다.

그러나 이 세계란 근본적으로 '무' 즉 '없음'의 그것이다. 아니 '없다는 말조차 할 수 없는 없음'이다. 깨달음의 경지에서 보면 우리의 현상계에 있는 모든 것들이 사실은 한낱 허상이요, 미혹에 빠진 마음의 장난에 지나지 않는 것이다. 이처럼 ①은『반야심경』이 깨우쳐 주는 대로 색즉시공의 진실을 '없는 강물의 흐름'이라는 역설적 비유를 통해 제시해 주고 있다.

②는 깨달음에 도달하는 길을 언급한 작품이다. 시인은 우선 중놈이라고 해서 모두가 '중놈'은 아니라고 말한다. 그러니까 여기에서는 둘의 '중놈'이 등장한 셈인데, 하나는 물론 가짜 중이고 다른 하나는 진짜 중일 터이다. 그리고 이 진짜 중이 깨달음에 이른 존자尊者를 가리키는 것임은 두말할 필요가 없다. 그러므로 진짜 중이 되는 길에 대해 이야기한 이 시의

본뜻은, 기실 어떻게 해야 깨달음에 이를 수 있는지를 예시하는 것이라고 하겠다.

시인은 우선 중이 진짜 '중놈' 소리를 듣기(깨달음에 이르는 존자가 되기) 위해서는 두 가지 사항을 실천해야 한다고 말한다. 그 하나는 취모검 날에 목이 베어 죽임을 당해야 하고 다른 하나는 "손발톱 눈썹도 / 짓물러 다 빠져야" 한다는 것이다. 이는 쉽게 말해서 일상적인 존재로서의 자신을 죽여 거듭 태어나지 않으면 안 된다는 것을 지적한 것이다.

그러나 이 시의 숨은 뜻은 그런 상식적 차원에 머물러 있는 것 같지는 않다. 보다 깊이 생사를 초월해 도달할 수 있는 어떤 절대적인 진리, 즉 우리가 '평등상'이라고도 하고 '정각正覺'이라고도 부르는 세계에 이르는 길을 가리키는 것이 아닐까. 그러한 해석은 '취모검吹毛劍'이라는 어휘의 상징적 의미가 뒷받침해 준다. '취모검'이란 불가에서 털을 칼날에 대고 훅 불면 그대로 두 동강이 난다는 명검으로, 번뇌를 단번에 끊어버리는 지혜를 상징하기 때문이다.

그렇다. 진정한 깨달음에 이르기 위해서는 지혜의 칼로 중생의 덧없는 애착과 번뇌를 끊어버리지 않으면 안 된다. 일찍이 옛 선사는 법의 의지처로 삼았던 부처나 조사까지도 죽이지 않으면 깨달음에 이를 수 없다고 가르쳤다. 그런데 시인은 한걸음 더 나아가 부처나 조사를 죽인 자기 자신 또한 죽이지 않으면 안 된다고 말한다. 그리고 그 첫걸음이 일체의 모든 집착을 끊어버리는 데 있음은 물론이다. 시인은 그것을 "손발톱 눈썹도 / 짓물러 다 빠져야" 한다는 표현으로 말하고 있는 것이다. 손톱, 발톱, 눈썹은 모두 감각과 현상에 얽매어 미혹의 근원이 되기 때문이다. 그리하여 집착을 끊고 자신을 무화無化시킴으로써 궁극적으로 도달한 세계는 앞의 경우에서와 같이 무 혹은 공의 경지가 된다.

③은 가히 선문답이라 해도 과언이 아닐 만큼 춘철의 비의 秘義를 품은 작품이다. 여기에는 선에 관해 질문하는 수좌가 있고 화두를 던진 선사가 있다. 선사는 물론 이 시에서 '해장스님'으로 등장한 사람일 터이다. 수좌가 선사(해장스님)에게 먼저 묻는다. "요즘 산중에서 어떻게 소일하십니까?" 아마도 이 물음의 진의는 '선사의 깨달음의 깊이가 어떠하냐' 즉 '불도가 무엇이냐' 하는 뜻이었을 것이다. 그러나 이에 대한 선사의 답변은 예기치 않게 이러하다. "어제는 서별당 연못에 물오리가 놀다 가고 오늘은 산수유 그림자만 잠겨 있다." 항용 선문답이 그러하듯 이 역시 동문서답의 형식이다.

이 무슨 뜻일까. 선지식이 일천하고 수행의 '수' 자도 모르는 필자가 이 깊은 뜻을 감히 알 수는 없다. 다만 넌지시 넘겨다보고 내 나름의 느낌을 적어봄으로써 이 난관을 잠깐 피해보고자 한다.

선문답에서 '오리'가 등장한 것은 마조馬祖 선사의 화두 '백장야압자百丈野鴨子'이다. 마조 화상이 어느날 백장과 길을 가다가 들오리가 날아오르는 것을 보았다. 화상이 백장에게 물었다. "저것이 무엇이냐?" "들오리입니다." "어디로 갔느냐?" "저쪽으로 갔습니다." 그 순간 마조 화상은 백장의 코를 힘껏 비틀었다. 백장은 아픔을 참지 못하고 비명을 질렀다. 이때 마조 화상이 백장에게 말했다. "가긴 어디로 날아갔단 말이냐!" 이로써 백장은 큰 깨달음을 얻었다는 것이다.

'백장야압자'에 등장하는 '들오리'는 아마도 덧없는 현상계의 실체를 상징하는 사물이었으리라. 본래 이 세상에는 있는 것이 없는데 그 없는 것이 어디로 날아갔다든가 머물고 있다든가 하는 것이 다 미혹의 집착에서 오는 망상이 아니겠느냐하는 마조의 가르침이었다. 그런데 시인은 그 오리(여기서는 물오리)가 연못에 놀다 가고, 또 산수유 그림자가 물에 잠겨 있다고 말한다. 물오리가 있다 없다 혹은 날아갔다 날아가지 않았다를 따지는 행위, 즉 애써 현상계를 부정하려는 분별심까지도 버려야 진정한 깨달음에 이를 수 있다는 가르침이 아니었을까. 그렇게 보니 "부처가 무엇이냐?" 하는 물음에 "변을 치는 막대기"라고 답했다는 옛 조사의 말이 문득 상기된다. 부처, 아니 법은 따로 있는 것이 아니다. 삼라만상이 다 부처요, 자연의 이법이 다 불법이다. 물오리가 물에서 노는 것, 연못가의 산수유가 수면에 그림자를 드리우는 것은 자연스럽다. 문제는 현상에 집착하지 않고 그를 통해 자신의 참다운 나를 비쳐 볼 수 있으면 그만인 것이다.

④역시 ③과 같은 형식의 선문답으로 되어 있다. 수좌가 조사에게 묻는다. "달마達磨는 왜 서쪽에서 이곳으로 왔습니까?" 조사가 답한다. "내설악 백담계곡에는 반석이 많다."

여기에서 문득 기억나는 것이 그 유명한 조주趙州의 화두 '정전백수자庭前柏樹子'이다. 어느 날 학승이 조주선사를 찾아와 물었다. "달마조사께서 서쪽에서 오신 뜻이 무엇입니까?" "뜰 앞의 잣나무이니라." "선사께서는 비유를 들어 말하지 마십시오." "나는 비유를 들어 말하지 않는다." "달마조사께서 서쪽에서 오신 뜻이 무엇입니까?" 이에 조주선사는 다시 대답을 했다. "뜰 앞의 잣나무니라." 여기에서 시인은 조주의 '뜰 앞'과 '잣나무'를 슬쩍 '백담계곡'과 '반석'으로 바꾸어 놓은 것이다. 일컬어 화두 '내설악곡반석다內雪嶽谷盤石多'라고나 할까. 이 역시 필자로서는 '정전백수자'의 화두나 이 시의 깊은 뜻은 잘 모르겠다. 기왕에 붓을 들었으니 다만 나름대로의 생각을 몇 자 적어 책임을 모면할 뿐이다.

설악산 백담계곡에는 반석이 수없이 많다. 아무렇게나 널려 있다. 엎어진 것, 서 있는 것, 누워 있는 것, 넘어져 있는 것, 앉아 있는 것, 돌 사이에 끼어 있는 것, 길바닥에 박혀 있는 것, 물속에 잠겨 있는 것, 물에 반쯤 젖어 있는 것, 괴목에 깔려 있는 것 등등. 이렇게 보면 반석이란 아무렇게나 이생을 살고 있는 중생을 이르는 것이라고 말할 수 있을 것이다. 반석이란 옥이나 대리석이나 금붙이처럼 특별히 값나가는 물건이 아니므로 어디서든 주워들 수도 있다. 우주적 시야에서는 한낱 미물에 지나지 않는다. 그러므로 "반석이 많아 달마가 이곳에 왔다"는 시인의 말은, 부처란 중생 안에 있으며 또한 중생을 위해서 있다는 뜻이 아닐까. 옛 시인은 한 개의 들꽃에도 우주가 있다고 했다. 이와 같은 장엄莊嚴과 화엄華嚴의 구현이야말로 시인이 추구하는 세계였을지 모른다.

이상 간략하게 살펴본 바와 같이, 중기 이후 오늘에 이르기까지 시인이 시작해 왔던 것은 선적 직관에 토대하여 쓴 일종의 증도가였다고 필자는 생각한다.

선시로서의 시조

오현의 선시에서 한 가지 더 주목해야 할 것은 그의 언어 구사이다. 선사를 지향했으므로 필연적인 귀결이기도 하겠으나 오현의 시에는 역설, 반어, 의식적인 착어錯語의 구사가 빈번하다. 예컨대 「무자화無字話」는 역설법을 통해 불교적 세계관을 피력한 것이고, 「시자侍者에게」라는 시는 착어를 의식적으로 구사하여 언어의 한계성을 극복하고자 노력한 대표적인 예이다.

> 서울 인사동 사거리 / 한 그루 키 큰 무영수無影樹
> 뿌리는 밤하늘로 / 가지들은 땅으로 뻗었다.
> 오로지 떡잎 하나로 / 우주를 다 덮고 있다.
>   -「무자화」

> 지금껏 씨떠버린 말 그 모두 허튼 소리.
> 비로소 입 여는 거다, 흙도 돌도 밟지 말게.

이 몸은 놋쇠를 먹고 화탕火湯 속에 있도다.

　　　　　　　　　　　　　　　　－「시자에게」

　선림禪林은 말할 것이 없겠으나 원래 불가에서 언어란 불완
전한 것으로 간주된다. 인간이 만든 언어는 진리를 전달할 수
없는 것이다. 그러므로 부처도 염화시중의 미소로 법을 전하
지 않았던가. 그러나 어리석은 중생은 그나마 언어가 아니라
면 의사소통이 불가능하므로 어쩔 수 없이 언어로써 법을 전
달할 수밖에 없다. 과연 이를 어떻게 해결해야 한다는 말인가.
그리하여 부처는 언어가 아닌 언어, 즉 일상의 언어를 벗어난
언어를 보여주었다. 그것이 바로 '무소설', 즉 이 시의 연작시
제목으로 차용된 '무자화'이며 '무설설無設設'인데, 그 요체가
바로 역설 혹은 착어인 것이다. 공안이나 화두 그리고 선시를
지향하고 있는 오현의 시가 모두 이 같은 역설 혹은 착어로
되어 있는 이유가 여기에 있다.

　그러나 무엇보다도 오현의 시가 우리 문학사에서 하나의
의의를 지닐 수 있다면, 그것은 시조 시형에 의한 선시의 현대
적 확립이라고 말해야 한다. 원래 선시는 우리나라에서 고대
의 향가 형식을 제외할 경우, 모두 한시漢詩의 형식으로 씌어
져 왔다. 조선 시대 이전에는 한글이 없었고 한글 창제 이후에
국자國字로 기록된 시조는 모두 유림儒林들의 소유였으니 어
찌 보면 이는 당연한 결과였기도 하다. 그러다가 근세에 들어
만해萬海 선사에 의해 처음 국어로 된 선시(시집 『님의 침묵』

소재의 시)가 씌어진 것은 불행 중 다행이라고나 할까. 그러나 아직까지 문학적 형상성이나 투철한 선리禪理, 이 양자를 성공적으로 조화시킨 시조로서의 선시가 확실하게 자리를 잡지 못했던 것은 유감이었다. 그런데 - 이전에 조종현과 같은 승려 시조 시인이 없었던 것은 아니지만, 그는 게송과 같은 선시조를 쓰지는 않았으므로 - 오현의 시에 이르러 비로소 그 개화를 맞았으니 이를 어찌 무심타고 할 것인가. 중국에서도 그렇듯이 우리의 선시도 의당 우리의 전통시형이자 운문형식인 시조로 쓰여야 될 일이다.

시인으로서 선사인 까닭에 우리는 오현에게 그러한 기대를 걸어보는 것이다.

주

1) Philip Wheelwright, 『Metaphor and Reality』, 1968.(필립 휠라이트, 김태옥 옮김. 『은유와 실재』 문학과 지성사, 1982, pp.153-154.

2) 위의 책, p.155. 이 문답의 주인공이 택암화상이라는 것은 이 책의 본문에서는 밝히지 않았지만 필자가 조사하여 알게 된 것임.

3) Pierre Thévenaz, 『What is Phenomenology?』, 1962.(피에르 데브나즈, 심민화 옮김, 『현상학이란 무엇인가?』, 문학과 지성사, 1982, p.43.) 이 직접 인용의 앞부분의 내용 역시 저서에서 및 간접으로 인용 소개한 것임.

4) 하인리히 두몰린, 박희준 옮김, 『선과 깨달음』, 고려원, 1988, p.72. 이 직접 인용 이외에 이 부분의 소개 내용 역시 위 책에서 간접 발췌한 것임.

5) 피에르 데브나즈, 같은 책, p.26.

6) 하인리히 두몰린, 같은 책, p.73.

7) 위의 책, p.53.

8) 피에르 데브나즈, 같은 책, p.43.

9) 스즈키 다이세츠(鈴木大拙), 동봉東峰 옮김, 『선의 진수』, 고려원, 1994, p.60.

10) 위의 책, p.77. "'무'나 '절대'에 대해 이야기하고 있는 한 그는 선으로부터 멀리 있는 사람이다. 아니, 점점 멀어져 가고 있다는 편이 옳다. '공이라는 발판'마저 차버려야 한다. 구원에의 유일한 길은 자신을 바닥 없는 깊은 심연으로 던져 넣는 일이다."

11) 위의 책, p.60.

12) 위의 책, p.8.

13) 하인리히 두몰린, 같은 책, p.38.

14) Jacob Korg, 『An Introduction to Poetry』, Holt, Rinehart and Winston, 1965, pp.1-2.

15) 필립 휠라이트, 같은 책, p.37.

16) Philip Wheelwright, 『The Burning Fountain』, Indiana Univer-

sity Press, 1968, p.17.

17) 설두중현雪竇重顯의 『벽암록碧巖錄』에 보면 중국 선가禪家 구지대사俱胝大師는 설법 대신에 손가락을 하나 세운(堅指) 것으로 진리를 설했고, 중국에 선禪을 전한 양梁나라 때 달마達磨는 조주趙州라는 스님이 진리를 묻는 데 대한 대답으로 정원의 측백나무(庭前柏樹子)를 가리켰다 한다.

18) 마명보살馬鳴菩薩, 진역삼장眞譯三藏 옮김, 『대승기신론大乘起信論』.

19) 이 글에 앞서 인용된 예문의 중심 단어.

20) Michael Riffaterre, 『Semiotics of Poetry』, Indiana Universirty Press, 1978, pp.43-44 .

21) 김동화, 『불교학개론』, 문조사, 1974, pp.344-348.

22) 김동화, 위의 책, pp.254-256.

23) 「수명품壽命品」, 『열반경』.

24) 「여래성품如來性品」, 『열반경』

25) 「사자후보살품獅子吼菩薩品」, 『열반경』.

26) 「방편품方便品」, 『유마힐경維摩詰經 2』.

27) 「염신품厭身品」, 『대승본생심지관경大乘本生心地觀經 6』

28) 진윤길陳允吉, 일지 옮김, 『중국문학과 선』, 민족사, 1992, p.77.

29) 『금강반야경』

30) 위의 경전.

31) 김동화, 『불교학개론』, 백영사, 1962, p.170.

프랑스엔 〈크세주〉, 일본엔 〈이와나미 문고〉,
한국에는 〈살림지식총서〉가 있습니다.

📖 전자책 | 🔍 큰글자 | 🔊 오디오북

현대시와 불교

펴낸날	초판 1쇄 2006년 9월 30일
	초판 2쇄 2022년 2월 10일

지은이	오세영
펴낸이	심만수
펴낸곳	(주)살림출판사
출판등록	1989년 11월 1일 제9−210호

주소	경기도 파주시 광인사길 30
전화	031−955−1350
팩스	031−624−1356
홈페이지	http://www.sallimbooks.com
이메일	book@sallimbooks.com

ISBN	978−89−522−0560−5 04080
	978−89−522−0096−9 04080 (세트)

※ 값은 뒤표지에 있습니다.
※ 잘못 만들어진 책은 구입하신 서점에서 바꾸어 드립니다.